Die Erfindung
des Humors

Fröhlichkeit, Anlass und Beifall

Eine Betrachtung

von

Lutz Spilker

DIE ERFINDUNG DES HUMORS – FRÖHLICHKEIT, ANLASS UND BEIFALL

Bibliografische Information der Deutschen Nationalbibliothek:
Die Deutsche Nationalbibliothek verzeichnet diese Publikation in der Deutschen Nationalbibliografie; detaillierte bibliografische Daten sind im Internet über http://dnb.dnb.de abrufbar.

Softcover ISBN: 978-3-384-29705-1
Ebook ISBN: 978-3-384-29706-8

© 2024 by Lutz Spilker
https://www.webbstar.de
Druck und Distribution im Auftrag des Autors:
tredition GmbH, An der Strusbek 10, 22926 Ahrensburg, Germany

Die im Buch verwendeten Grafiken entsprechen den
Nutzungsbestimmungen der Creative-Commons-Lizenzen (CC).

Inhalt

Humor ist der Knopf, der verhindert, dass uns der Kragen platzt.

Joachim Ringelnatz

Joachim Ringelnatz (* 7. August 1883 in Wurzen als Hans Gustav
Bötticher; † 17. November 1934 in Berlin) war ein deutscher
Schriftsteller, Kabarettist und Maler, der vor allem für humoristische Gedichte um die
Kunstfigur Kuttel Daddeldu bekannt ist. Er war
bekannt zur Zeit der Weimarer Republik und zählte Schauspieler wie Asta Nielsen und
Paul Wegener zu seinen engen Freunden und
Weggefährten. Sein witziges und geistreiches, teils skurriles und
expressionistisches Werk ist noch heute bekannt.

Vorwort

Liebe Leserinnen und Leser,

Humor, jenes schwer fassbare Phänomen, das die Menschheit seit Anbeginn ihrer Zeit begleitet, ist ebenso allgegenwärtig wie bemerkenswert. Die Fähigkeit zu lachen, Witze zu erzählen und in den schwierigsten Momenten Trost im Humor zu finden, ist tief in der menschlichen Natur verwurzelt. Doch was genau ist Humor? Wie hat er sich entwickelt, und welche Rolle spielt er in unserem täglichen Leben? Dieses Buch, ›Die Erfindung des Humors,‹ versucht, diese und viele andere Fragen zu beantworten.

Eine universelle, aber vielschichtige Erfahrung:

Humor ist universell, aber gleichzeitig höchst individuell und kulturell unterschiedlich. Jeder Mensch hat eine eigene Vorstellung davon, was witzig ist, und diese Vorstellungen können von Person zu Person, von Kultur zu Kultur und sogar von einem historischen Zeitalter zum anderen variieren. Britischer Humor zeichnet sich beispielsweise oft durch trockene, sarkastische Bemerkungen aus, während amerikanischer Humor häufig direkter und visuell orientierter ist. Deutscher Humor, oft als nüchterner und rationaler beschrieben, hat seine eigenen Nuancen und Feinheiten. Diese Vielfalt macht Humor zu einem begeisternden Studienobjekt und stellt gleichzeitig eine Herausforderung dar, ihn umfassend zu definieren und zu verstehen.

Die Rolle des Humors in der menschlichen Geschichte:

Humor ist kein modernes Phänomen. Schon in den ältesten Kulturen finden sich Beweise für humorvolle Darstellungen und Geschichten. Von den scherzhaften Dialogen in den Werken des Aristophanes im antiken Griechenland bis zu den mittelalterlichen Hofnarren, die es wagten, die Mächtigen zu verspotten – Humor hat stets eine wichtige soziale und kulturelle Funktion erfüllt. Er war ein Ventil für soziale Spannungen, ein Mittel der Kritik und ein Werkzeug der Verbindung zwischen Menschen.

Psychologische und soziale Dimensionen:

Warum lachen wir? Was passiert in unserem Gehirn, wenn wir einen Witz hören? Die Psychologie des Humors bietet Einblicke in die kognitiven und emotionalen Prozesse, die hinter unseren humorvollen Reaktionen stehen. Lachen setzt Endorphine frei, reduziert Stress und stärkt soziale Bindungen. Es ist ein natürlicher Weg, um mit den Herausforderungen des Lebens umzugehen, Resilienz zu entwickeln und die psychische Gesundheit zu fördern.

Humor als Brücke zwischen Menschen:

Humor kann Barrieren überwinden und Brücken bauen. In sozialen Interaktionen dient er als Eisbrecher, erleichtert die Kommunikation und kann Spannungen entschärfen. Ein gut platzierter Witz kann eine angespannte Situation auflockern und dazu beitragen, Vertrauen und Sympathie aufzubauen. Gleichzeitig kann Humor jedoch auch verletzend und trennend sein, insbesondere wenn er auf Kosten anderer geht. Die Balance zwischen einem humorvollen und respektvollen Umgang ist daher von großer Bedeutung.

Kulturelle und interkulturelle Aspekte des Humors:

In einer globalisierten Welt, in der Menschen unterschiedlicher Kulturen und Hintergründe täglich miteinander interagieren, spielt das Verständnis für die kulturellen Unterschiede im Humor eine wichtige Rolle. Was in einer Kultur als witzig gilt, kann in einer anderen als unverständlich oder sogar beleidigend empfunden werden. Interkulturelle Kompetenz im Umgang mit Humor erfordert Sensibilität und ein Bewusstsein für diese Unterschiede.

Humor im Alltag:

Humor ist nicht nur eine Quelle der Unterhaltung, sondern auch ein mächtiges Werkzeug im Alltag. Er kann das Arbeitsklima verbessern, die Kreativität fördern und die Problemlösungsfähigkeit stärken. In schwierigen Zeiten kann Humor als Überlebensmechanismus dienen, der uns hilft, das Licht am Ende des Tunnels zu sehen.

Die Herausforderung, Humor zu erklären:

Humor zu erklären, ist keine leichte Aufgabe. Es erfordert ein tiefes Verständnis der menschlichen Natur, der sozialen Dynamiken und der kulturellen Kontexte. In diesem Buch wird versucht, Humor aus verschiedenen Perspektiven zu beleuchten und seine vielen Facetten zu erkunden. Dabei werden wissenschaftliche Erkenntnisse mit persönlichen Anekdoten, historischen Beispielen und praktischen Tipps kombiniert, um ein umfassendes Bild zu zeichnen.

Ein Wort an den Leser:

Dieses Buch ist für alle, die sich für das Phänomen Humor interessieren – sei es aus wissenschaftlicher Neugier, aus beruflichem Interesse oder einfach aus Freude am Lachen. Es lädt Sie ein, die vielen Dimensionen des Humors zu entdecken und darüber nachzudenken, wie er unser Leben bereichert und verbindet.

Ich hoffe, dass ›Die Erfindung des Humors‹ Ihnen nicht nur ein Lächeln ins Gesicht zaubert, sondern auch neue Einsichten und Perspektiven auf dieses faszinierende Thema eröffnet. Möge es Ihnen helfen, die subtile Kunst des Humors besser zu verstehen und sie in Ihrem eigenen Leben zu genießen und zu nutzen.

Teil I: Einleitung

Einführung in das Thema Humor und dessen Bedeutung

Humor ist ein Phänomen, das uns jeden Tag begleitet und unser Leben auf vielfältige Weise beeinflusst. Er lässt uns lachen, bringt uns zum Nachdenken und verbindet uns mit anderen Menschen. Doch was genau steckt hinter dem Lachen? Was macht einen Witz witzig? Warum verstehen wir Humor unterschiedlich? Diese Fragen haben mich, den Autor dieses Buches, seit jeher gefesselt und zur intensiven Auseinandersetzung mit dem Thema inspiriert.

Meine persönliche Reise in die Welt des Humors begann in meiner Kindheit. Ich erinnere mich lebhaft an die Abende, die ich mit meiner Familie vor dem Fernseher verbrachte, wo wir gemeinsam über klassische Komödien lachten. Die Freude und das Gefühl der Gemeinschaft, die durch das gemeinsame Lachen entstand, hinterließen einen bleibenden Eindruck. Diese frühen Erfahrungen weckten in mir das Bewusstsein für die Macht des Humors und seine Fähigkeit, Menschen zusammenzubringen.

Im Laufe der Jahre vertiefte sich mein Interesse, und ich begann, Humor aus verschiedenen Blickwinkeln zu betrachten. Als Erwachsener beobachtete ich, wie Humor im Alltag, in der Arbeitswelt und in sozialen Interaktionen eine Rolle spielt. Ich stellte fest, dass Humor nicht nur eine Quelle der Unterhaltung ist, sondern auch ein mächtiges Werkzeug, um Herausforderungen zu meistern, Stress abzubauen und Beziehungen zu stärken. Diese Erkenntnisse führten mich schließlich dazu, die Vielfältigkeit des Humors systematisch zu erforschen und zu verstehen.

Der Entschluss, dieses Buch zu schreiben, entsprang dem Wunsch, meine Erkenntnisse und Erfahrungen zu teilen und anderen Menschen einen tieferen Einblick in die Welt des Humors zu ermöglichen. Humor ist mehr als nur Witze erzählen und lachen. Er ist ein Spiegel unserer Gesellschaft, unserer Werte und unserer Emotionen. In einer Welt, die oft von Ernsthaftigkeit und Stress geprägt ist, kann Humor eine befreiende und heilende Kraft sein. Dieses Buch soll dazu beitragen, diese Kraft zu erkennen und bewusst zu nutzen.

Ein weiteres Ziel dieses Buches ist es, die kulturelle Vielfalt des Humors zu beleuchten. Humor ist nicht universell gleich, sondern variiert stark zwischen verschiedenen Kulturen und sozialen Gruppen. Ein Witz, der in einem Land gut ankommt, kann in einem anderen missverstanden oder sogar als beleidigend empfunden werden. Durch die Untersuchung dieser Unterschiede hoffe ich, ein tieferes Verständnis und mehr Sensibilität für interkulturelle Kommunikation zu fördern.

Darüber hinaus möchte ich in diesem Buch die wissenschaftlichen Grundlagen des Humors erläutern. Die Psychologie des Lachens, die neurologischen Prozesse, die beim Humor aktiviert werden, und die sozialen Funktionen des Humors sind einnehmende Themen, die einen wichtigen Platz in unserer Gesellschaft einnehmen. Indem wir diese Aspekte besser verstehen, können wir bewusster und effektiver mit Humor umgehen.

Humor ist auch ein persönliches Thema. Jeder Mensch hat seine eigene Art von Humor, die durch persönliche Erfahrungen, Vorlieben und kulturelle Einflüsse geprägt ist. In diesem Buch möchte ich dazu ermutigen, den eigenen Humor zu entdecken und zu schätzen. Humor ist eine individuelle Ausdrucksform, die uns hilft, unsere Persönlichkeit zu zeigen und uns mit anderen Menschen zu verbinden.

Letztlich soll ›Die Erfindung des Humors‹ auch eine praktische Anleitung bieten, wie wir Humor in unserem täglichen Leben einsetzen können. Ob im Berufsleben, in der Familie oder in sozialen Situationen – Humor kann helfen, Herausforderungen zu bewältigen, Konflikte zu lösen und das Leben leichter und angenehmer zu gestalten. Mit diesem Buch möchte ich Werkzeuge und Techniken vermitteln, die es ermöglichen, Humor bewusst und effektiv einzusetzen.

Insgesamt ist das Ziel dieses Buches, eine umfassende und tiefgehende Betrachtung des Humors zu bieten. Es soll zum

Nachdenken anregen, neue Perspektiven eröffnen und dazu beitragen, die Bedeutung und den Wert des Humors in unserem Leben zu erkennen. Ich lade Sie ein, diese Reise in die Welt des Humors mit mir zu unternehmen und die vielen Facetten dieses faszinierenden Phänomens zu entdecken.

Mit einem Lächeln und viel Vorfreude auf die kommenden Kapitel,

Lutz Spilker

Historische Entwicklung des Humors

Die Ursprünge des Humors - Erste Hinweise auf Humor in der Frühgeschichte und bei primitiven Kulturen

Die Erforschung der Ursprünge des Humors führt uns auf eine Reise tief in die Frühgeschichte der Menschheit, eine Zeit, in der unsere Vorfahren begannen, soziale Strukturen zu entwickeln und miteinander zu kommunizieren. Humor, so spekulieren viele Anthropologen und Historiker, könnte eine der frühesten Formen dieser sozialen Interaktion gewesen sein.

In den ersten Tagen der Menschheit, lange bevor es schriftliche Aufzeichnungen gab, lebten die Menschen in kleinen, eng verbundenen Gruppen. Diese Gemeinschaften waren auf gegenseitige Unterstützung und enge Zusammenarbeit angewiesen, um zu überleben. In solch einem Umfeld könnte Humor als ein Werkzeug entstanden sein, das soziale Bindungen stärkte und Spannungen innerhalb der Gruppe abbauen konnte.

Archäologische Funde und die Erforschung moderner indigener Kulturen geben uns einige Hinweise darauf, wie Humor in diesen frühen Gemeinschaften ausgesehen haben könnte. Felsmalereien und Höhlenzeichnungen aus der Steinzeit zeigen oft Szenen, die auf den ersten Blick humorvoll wirken. Einige dieser Darstellungen zeigen Tiere in übertriebenen Posen oder Menschen in scheinbar komischen Situationen. Obwohl es unmöglich ist, die genaue Absicht hinter diesen Zeichnungen zu bestimmen, könnten sie frühe Versuche gewesen sein, Humor visuell darzustellen und Geschichten auf eine unterhaltsame Weise zu erzählen.

Ein weiteres interessantes Beispiel für die Rolle des Humors in primitiven Kulturen ist das Phänomen des ritualisierten Spotts. In vielen traditionellen Gesellschaften ist es üblich, dass Mitglieder der Gemeinschaft einander auf spielerische Weise verspotten. Diese Praxis, die oft als ›Freundschaftssatire‹ bezeichnet wird, diente dazu, soziale Normen zu stärken und Fehlverhalten auf eine humorvolle Weise zu korrigieren. Indem sie über sich selbst und andere lachten, konnten die Mitglieder der Gemeinschaft Spannungen abbauen und ihre sozialen Bindungen festigen.

Anthropologen, die moderne Jäger- und Sammlerkulturen untersucht haben, berichten ebenfalls von der zentralen Rolle des Humors im täglichen Leben dieser Gemeinschaften. In vielen dieser Kulturen wird Humor genutzt, um Geschichten zu erzählen, Lektionen zu vermitteln und den Gemeinschaftssinn zu stärken. Diese Beobachtungen legen nahe, dass Humor eine universelle menschliche Eigenschaft ist, die tief in unserer evolutionären Geschichte verwurzelt ist.

Die Entwicklung der Sprache spielte zweifellos eine entscheidende Rolle bei der Entstehung des Humors. Mit der Fähigkeit, komplexe Gedanken und Gefühle auszudrücken, eröffneten sich neue Möglichkeiten für humorvolle Interaktionen. Wortspiele, Doppeldeutigkeiten und ironische Bemerkungen sind allesamt sprachliche Formen des Humors, die wahrscheinlich schon früh in der Geschichte der Menschheit entstanden sind.

Es ist auch interessant zu spekulieren, wie Humor zur kognitiven Entwicklung der Menschen beigetragen haben könnte. Humorvolle Interaktionen stimulieren das Gehirn und fördern kreatives Denken sowie Problemlösungsfähigkeiten. Diese kognitiven Vorteile könnten humorvollen Menschen in ihren Gemeinschaften einen Überlebensvorteil verschafft haben, was dazu führte, dass diese Eigenschaft im Laufe der Evolution weitergegeben wurde.

Obwohl wir keine direkten Beweise für Humor in der Frühgeschichte haben, können wir durch die Untersuchung archäologischer Funde und die Beobachtung moderner indigener Kulturen ein Bild davon zeichnen, wie Humor entstanden sein könnte. Diese frühen Formen des Humors legten den Grundstein für die vielfältigen und komplexen humoristischen Traditionen, die wir heute in verschiedenen Kulturen weltweit finden.

Die Erforschung der Ursprünge des Humors zeigt, dass Humor weit mehr ist als nur eine Quelle der Unterhaltung. Er ist ein wesentliches Element unserer sozialen Interaktionen und ein mächtiges Werkzeug zur Stärkung der Gemeinschaft und zur Förderung des Wohlbefindens. Indem wir die Ursprünge des Humors verstehen, gewinnen wir ein tieferes Verständnis dafür, warum wir lachen und welche Bedeutung Humor in unserem Leben hat.

Mit diesen Erkenntnissen im Hinterkopf werden wir in den folgenden Kapiteln die Entwicklung des Humors im Laufe der Geschichte weiterverfolgen und die vielfältigen Formen und Funktionen des Humors in der modernen Gesellschaft erkunden. Humor ist ein zentraler Bestandteil dessen, was uns als Menschen ausmacht, und seine Geschichte ist ebenso interessant wie komplex.

Humor in der Antike

Humor in der griechischen und römischen Kultur

Die antike Welt der Griechen und Römer war geprägt von tiefgründiger Philosophie, epischen Heldensagen und majestätischen Bauwerken. Doch jenseits dieser ernsten und erhabenen Aspekte ihres kulturellen Erbes gab es auch eine lebendige und reichhaltige Tradition des Humors. Der Humor spielte eine wesentliche Rolle im Alltag und im literarischen Schaffen der Griechen und Römer, und einige der bedeutendsten Humoristen und Werke dieser Zeit spiegeln diese lebhafte Komik wider.

Die griechische Kultur war ein fruchtbarer Boden für die Entwicklung des Humors. Bereits in den Werken von Homer finden wir frühe Beispiele von Humor. In der ›Ilias‹ und der ›Odyssee‹ gibt es Passagen, die voller Ironie und subtilen Witzen sind. Homer nutzte Humor oft, um die menschliche Natur zu kommentieren und die Schwächen sowohl von Göttern als auch von Menschen zu enthüllen.

Ein herausragendes Beispiel für den Humor in der griechischen Literatur ist die Komödie. Aristophanes, der berühmte Komödiendichter, ist wohl einer der bedeutendsten Humoristen der Antike. Seine Stücke, darunter ›Lysistrata‹ und ›Die Wolken‹, sind Meisterwerke des politischen und sozialen Humors. Aristophanes scheute sich nicht, prominente Persönlichkeiten und aktuelle Ereignisse seiner Zeit zu verspotten. Seine scharfsinnige Satire und seine Fähigkeit, komplexe Themen auf humorvolle Weise darzustellen, machten ihn zu einem wichtigen kulturellen Kommentator und Unterhalter.

Ein weiteres bemerkenswertes Beispiel ist Menander, ein Dichter der Neuen Komödie. Seine Werke, von denen einige Fragmente erhalten geblieben sind, zeichnen sich durch ihren Fokus auf alltägliche menschliche Schwächen und Beziehungen aus. Menanders Humor ist subtiler und weniger politisch als der von Aristophanes, aber er ist dennoch ein scharfer Beobachter der menschlichen Natur. Seine Komödien bieten einen Einblick in das Leben und die sozialen Normen des antiken Griechenlands.

Während die Griechen die Komödie zur Kunstform erhoben, waren die Römer ebenso begeistert von humoristischen Darstellungen. Der römische Humor war oft derb und direkt, spiegelte aber auch die soziale und politische Realität wider. Plautus und Terentius, zwei der bekanntesten römischen Komödiendichter, adaptierten und erweiterten die griechische Tradition der Komödie. Plautus' Stücke sind bekannt für ihren lebhaften Wortwitz, ihre einfallsreichen Plots und ihre farbenfrohen Charaktere. Werke wie ›Amphitryon‹ und ›Der Braggart-Soldat‹ sind voll von Slapstick-Humor und cleveren Verwechslungen, die das römische Publikum begeisterten.

Terentius, auf der anderen Seite, brachte einen raffinierteren und menschlicheren Ansatz in die römische Komödie ein. Seine Stücke, darunter ›Die Brüder‹ und ›Die Schwiegermutter‹, konzentrieren sich auf soziale und familiäre Themen. Terentius' Humor ist subtil und oft von moralischen Überlegungen durchdrungen. Er zeigte, wie Humor genutzt werden kann, um menschliche Schwächen zu beleuchten und gleichzeitig Empathie und Verständnis zu fördern.

Auch außerhalb des Theaters gab es in der römischen Kultur viele humorvolle Werke. Die Satiren von Juvenal und Horaz sind hervorragende Beispiele dafür, wie Humor als Werkzeug der sozialen Kritik verwendet wurde. Juvenal war bekannt für seinen schneidenden, oft bitteren Humor, der die Korruption und Dekadenz der römischen Gesellschaft anprangerte. Seine Satiren sind kraftvolle, wenn auch manchmal düstere, Kommentare zu den moralischen und politischen Missständen seiner Zeit.

Horaz hingegen kombinierte Humor mit philosophischen Reflexionen. In seinen ›Satiren‹ und ›Episteln‹ nutzte er Humor, um über das menschliche Verhalten nachzudenken und Ratschläge für ein tugendhaftes Leben zu geben. Sein Stil ist leichter und verspielter als der von Juvenal, aber nicht weniger durchdringend. Horaz' Humor ist ein Mittel zur Selbsterkenntnis und zur Förderung von Weisheit und Mäßigung.

In der Antike war Humor nicht nur Unterhaltung, sondern auch ein mächtiges Mittel zur Reflexion und Kritik. Die bedeutenden Humoristen dieser Zeit nutzten ihre Werke, um soziale und politische Missstände aufzudecken, menschliche Schwächen zu beleuchten und das Publikum zum Nachdenken anzuregen. Ihre Werke haben die Kunst des Humors geprägt und ihre Einflüsse sind bis heute spürbar.

Humor in der griechischen und römischen Kultur zeigt, dass Lachen und Komik universelle menschliche Erfahrungen sind, die tief in unserer Geschichte verwurzelt sind. Sie sind Ausdruck unserer Fähigkeit, das Leben und seine Herausforderungen mit einem Augenzwinkern zu betrachten, und sie bieten uns einen einzigartigen Einblick in die Seelen der Menschen, die vor Tausenden von Jahren lebten. Indem wir diese humorvollen Werke studieren, können wir die Kontinuität der menschlichen Erfahrung und die zeitlose Natur des Humors verstehen.

Mittelalterlicher Humor

Die Rolle des Hofnarren und volkstümlicher Humor

Das Mittelalter war eine Epoche, die oft als düster und ernst beschrieben wird. Doch trotz der oft harten Lebensbedingungen und strengen sozialen Hierarchien, blühte der Humor in vielfältigen Formen. Eine besonders faszinierende Erscheinung in dieser Zeit war der Hofnarr, der nicht nur Unterhaltung bot, sondern auch eine wichtige gesellschaftliche Funktion erfüllte. Gleichzeitig existierte ein reichhaltiger Schatz an volkstümlichem Humor, der in Geschichten, Liedern und Spielen Ausdruck fand.

Der Hofnarr, auch als ›Fool‹ bekannt, war eine feste Institution an vielen europäischen Höfen. Diese schillernde Figur hatte eine einzigartige Stellung: Als jemand, der sowohl zur Unterhaltung als auch zur Kritik befugt war, genoss der Narr eine Freiheit, die anderen oft verwehrt blieb. Der Narr durfte den König und seine Höflinge verspotten und auf Missstände hinweisen, ohne befürchten zu müssen, bestraft zu werden. Diese Position des Narren war nicht nur unterhaltsam, sondern diente auch als Ventil für gesellschaftliche Spannungen. Durch seinen scharfsinnigen Witz und seine spielerischen Provokationen konnte der Narr Themen ansprechen, die sonst tabu waren.

Einer der bekanntesten Hofnarren des Mittelalters war Triboulet, der am Hofe des französischen Königs Franz I. diente. Triboulet war berühmt für seine schlagfertigen Bemerkungen und seinen derben Humor. In einer Zeit, in der Kritik am König gefährlich sein konnte, nutzte Triboulet seine Rolle, um die Mächtigen herauszufordern und soziale Kommentare abzugeben. Seine Geschichten sind bis heute legendär und zeigen, wie der Narr Humor und Mut kombinierte, um die Wahrheit zu sagen.

Während die Hofnarren in den Palästen der Adeligen ihre Rolle spielten, blühte in den Dörfern und Städten ein anderer, ebenso lebendiger Humor. Volkstümlicher Humor fand seinen Ausdruck in Märchen, Fabeln, Liedern und Spielen. Diese Formen des Humors waren oft derb und direkt, reflektierten aber auch die alltäglichen Erfahrungen und Sorgen der einfachen Menschen.

Eine beliebte Form des mittelalterlichen volkstümlichen Humors waren die ›Schwänke‹ – kurze, humorvolle Erzählungen, die oft die List und den Einfallsreichtum der Protagonisten feierten. Viele dieser Geschichten handelten von schelmischen Bauern oder schlauen Dienern, die es schafften, ihre Herren zu überlisten oder sich aus schwierigen Situationen zu befreien. Diese Schwänke boten den Menschen nicht nur Unterhaltung, sondern auch eine Möglichkeit, sich mit den Ungerechtigkeiten und Härten ihres Lebens auseinanderzusetzen.

Ein weiteres Beispiel für volkstümlichen Humor sind die Karnevalsfeiern, die im Mittelalter in vielen europäischen Städten stattfanden. Während des Karnevals wurden die normalen sozialen Ordnungen auf den Kopf gestellt: Bauern konnten sich als Könige verkleiden, und Narren durften ihre Herren verspotten. Diese Umkehrung der Verhältnisse bot den Menschen eine Gelegenheit, ihre Frustrationen und Wünsche auszudrücken, während sie gleichzeitig das Gemeinschaftsgefühl stärkten. Karnevalslieder, Masken und Possen waren durchdrungen von Humor, der oft derb und anarchisch war, aber auch tief menschliche Bedürfnisse nach Freiheit und Freude widerspiegelte.

In den kirchlichen Schriften und Predigten des Mittelalters wurde Humor jedoch oft kritisch betrachtet. Geistliche sahen ihn als potenziell gefährlich, da er die moralische Ordnung untergraben konnte. Trotzdem fand Humor auch hier seinen Platz, oft in Form von Lehrgeschichten und Parabeln, die sowohl unterhaltsam als auch belehrend waren. Diese Geschichten nutzten Humor, um moralische Lektionen zu vermitteln und das Publikum zum Nachdenken anzuregen.

Die Rolle des Humors im Mittelalter zeigt, wie vielfältig und tief verwurzelt diese menschliche Eigenschaft ist. Ob als subversiver Hofnarr oder in den ausgelassenen Feiern der einfachen Leute, Humor diente als mächtiges Mittel zur Bewältigung von Problemen, zur Stärkung sozialer Bindungen und zur Kritik an bestehenden Machtstrukturen. Er war ein Spiegel der

Gesellschaft, der sowohl ihre Schwächen als auch ihre Hoffnungen reflektierte.

Durch das Verständnis des mittelalterlichen Humors gewinnen wir Einblick in die menschliche Fähigkeit, selbst in schwierigen Zeiten Freude und Erleichterung zu finden. Der Humor dieser Epoche war ein Ausdruck von Widerstandskraft und Kreativität, der uns zeigt, dass das Lachen eine universelle Sprache ist, die Kulturen und Jahrhunderte überbrückt. Indem wir diese historischen Formen des Humors erforschen, können wir die zeitlose Natur des Humors und seine wichtige Rolle im menschlichen Leben besser verstehen.

Renaissance und Aufklärung

Veränderung der humoristischen Stile in einer Zeit des intellektuellen Wandels

Die Renaissance und die Aufklärung waren Epochen des tiefgreifenden intellektuellen Wandels, die Europa in eine neue Ära des Denkens und Schaffens führten. Diese Perioden, die vom 14. bis zum 18. Jahrhundert reichten, waren geprägt von einer Wiedergeburt der Künste und Wissenschaften sowie einer verstärkten Betonung der Vernunft und individuellen Freiheit. Inmitten dieser Entwicklungen veränderten sich auch die humoristischen Stile erheblich. Humor wurde zu einem vielseitigen Werkzeug, das sowohl zur Unterhaltung als auch zur Kritik und Erleuchtung genutzt wurde.

Die Renaissance, die im 14. Jahrhundert in Italien begann, war eine Zeit der Wiederentdeckung antiker Texte und Ideale. Humanisten wie Petrarca und Erasmus von Rotterdam spielten eine zentrale Rolle in der Wiederbelebung klassischer Bildung und Literatur. In ihren Werken spiegelt sich ein Humor wider, der oft subtil und intellektuell war. Erasmus' ›Lob der Torheit‹ ist ein herausragendes Beispiel dafür, wie Humor genutzt werden kann, um Gesellschaft und Kirche zu kritisieren. Durch die Personifizierung der Torheit, die auf humorvolle Weise die menschlichen Schwächen und die Eitelkeiten der Gelehrten und Kleriker verspottet, schuf Erasmus ein Werk, das sowohl unterhält als auch zum Nachdenken anregt.

Der Einfluss der klassischen Antike war auch in der dramatischen Literatur der Renaissance spürbar. William Shakespeare, einer der größten Dramatiker dieser Zeit, integrierte humorvolle Elemente meisterhaft in seine Werke. Komödien wie ›Ein Sommernachtstraum‹ und ›Viel Lärm um nichts‹ zeigen Shakespeares Verständnis für menschliche Natur und soziale Dynamiken. Sein Humor reicht von derben Wortspielen bis zu komplexen, ironischen Verwicklungen und reflektiert die gesellschaftlichen und kulturellen Veränderungen seiner Zeit. Shakespeare nutzte Humor, um Charaktere zu entwickeln und tiefere Einblicke in menschliche Beziehungen und gesellschaftliche Strukturen zu gewähren.

Mit dem Übergang zur Aufklärung im 17. und 18. Jahrhundert wurde der Humor zunehmend ein Mittel zur intellektuellen und politischen Kritik. Die Aufklärung betonte Vernunft, Wissenschaft und die Idee der universellen Menschenrechte, was zu einem Wandel in den humoristischen Stilen führte. Humor wurde raffinierter und oft philosophischer, reflektierte aber auch die wachsende Spannung zwischen Tradition und Fortschritt.

Voltaire, einer der bedeutendsten Philosophen der Aufklärung, nutzte in seinen Schriften oft Humor, um die Missstände seiner Zeit anzuprangern. Sein Werk ›Candide‹ ist ein scharfzüngiger Angriff auf den Optimismus und die gesellschaftlichen Konventionen des 18. Jahrhunderts. Durch die satirische Darstellung der Abenteuer von Candide und seinen Begleitern kritisierte Voltaire die Naivität und Heuchelei der Menschen sowie die Korruption und Ungerechtigkeit in Kirche und Staat. Voltaire's Humor war ein scharfes Instrument, das half, die Augen seiner Leser für die Notwendigkeit von Reformen und Aufklärung zu öffnen.

Auch in England fand der Humor der Aufklärung seinen Ausdruck in der Literatur. Jonathan Swift, ein Zeitgenosse von Voltaire, nutzte Satire, um soziale und politische Missstände zu beleuchten. In ›Gullivers Reisen‹ und ›Ein bescheidener Vorschlag‹ verwendet Swift scharfen Witz und Ironie, um die Absurditäten der menschlichen Natur und die Fehlentwicklungen in Politik und Gesellschaft bloßzustellen. Swifts Humor ist oft bitter und provokant, was seine Werke zu kraftvollen Kommentaren über die Zustände seiner Zeit macht.

Der Humor der Aufklärung war jedoch nicht nur scharfzüngig und kritisch. Er konnte auch verspielt und unterhaltsam sein, wie in den Werken von Laurence Sterne. Sein Roman ›Tristram Shandy‹ ist ein Paradebeispiel für die experimentelle und humorvolle Literatur der Aufklärung. Sterne spielte mit der Struktur des Romans, brach Konventionen und nutzte Humor, um die Komplexität des menschlichen Geistes und die Absurditäten des Lebens zu erforschen. Sein Werk zeigt, wie Humor als Mittel der literarischen Innovation und des intellektuellen Spiels genutzt werden kann.

Die Veränderung der humoristischen Stile in der Renaissance und Aufklärung zeigt, wie flexibel und vielseitig Humor sein kann. In Zeiten intensiven intellektuellen Wandels diente Humor nicht nur der Unterhaltung, sondern auch der Reflexion und Kritik. Er half, neue Ideen zu verbreiten, soziale Missstände aufzuzeigen und das Publikum zum Nachdenken anzuregen. Diese Perioden der Geschichte illustrieren, wie eng Humor mit den kulturellen und intellektuellen Strömungen seiner Zeit verbunden ist.

Humor in der Renaissance und Aufklärung war ein Spiegel der aufkeimenden Neugier, des Wunsches nach Wissen und der Bereitschaft zur Veränderung. Er zeigt, dass Lachen und Komik nicht nur flüchtige Vergnügungen sind, sondern tiefe Einblicke in die menschliche Natur und Gesellschaft bieten können. Indem wir die humoristischen Stile dieser Epochen studieren, gewinnen wir ein besseres Verständnis dafür, wie Humor als kulturelles Phänomen unsere Wahrnehmung und unser Denken beeinflusst.

Humor im 19. Jahrhundert

Von der Romantik bis zur Industrialisierung: gesellschaftliche und literarische Einflüsse

Das 19. Jahrhundert war eine Zeit tiefgreifender gesellschaftlicher und technologischer Veränderungen, die sowohl das tägliche Leben der Menschen als auch die literarische Landschaft maßgeblich beeinflussten. Diese Epoche, die von der Romantik bis zur Industrialisierung reichte, sah die Entstehung neuer Formen des Humors, die auf die komplexen und oft widersprüchlichen Entwicklungen der Zeit reagierten.

Die Romantik, die zu Beginn des 19. Jahrhunderts ihren Höhepunkt erreichte, war eine literarische und künstlerische Bewegung, die Gefühle, Individualität und die Natur feierte. Romantische Schriftsteller und Dichter wie William Wordsworth, Samuel Taylor Coleridge und die Brüder Grimm brachten eine neue Sensibilität in ihre Werke ein, die oft auch humorvolle Elemente enthielt. Ihr Humor war häufig von einem tiefen Verständnis der menschlichen Natur und der Ironie des Schicksals geprägt.

In der Romantik spielte der Humor eine besondere Rolle, indem er die oft ernsten und melancholischen Themen der Bewegung auflockerte und menschliche Schwächen und Eigenheiten hervorhob. Lord Byron, ein führender Vertreter der englischen Romantik, verwendete in seinen Werken oft humorvolle Ironie, um gesellschaftliche Normen und Konventionen zu hinterfragen. Sein episches Gedicht ›Don Juan‹ ist ein brillantes Beispiel für diese Technik. Byron nutzte die Figur des Don Juan, um mit einem Augenzwinkern die moralischen und gesellschaftlichen Vorstellungen seiner Zeit zu parodieren und zu kritisieren.

Mit dem Übergang zur Mitte des Jahrhunderts begann die Ära der Industrialisierung, die tiefgreifende Auswirkungen auf alle Lebensbereiche hatte. Die rasante Entwicklung von Technologie und Industrie führte zu erheblichen sozialen Umwälzungen, Migrationen in die Städte und einem Wandel der Arbeitswelt. Diese Veränderungen spiegelten sich auch in der Literatur und im Humor wider. Der Humor des 19. Jahrhunderts wurde vielseitiger und spaltete sich in verschiedene Strömungen, die jeweils auf die spezifischen Herausforderungen und Erfahrungen der industriellen Gesellschaft reagierten.

Charles Dickens, einer der prominentesten Schriftsteller dieser Zeit, nutzte Humor meisterhaft, um die sozialen Missstände und die Härten des industriellen Lebens darzustellen. In Romanen wie ›Oliver Twist‹ und ›David Copperfield‹ integrierte Dickens humorvolle Charaktere und Szenen, die die düsteren Realitäten des Lebens der Armen und Unterprivilegierten kontrastierten. Sein Humor war oft bittersüß und diente dazu, die menschliche Widerstandsfähigkeit und Hoffnung inmitten von Widrigkeiten hervorzuheben. Dickens verstand es, den Humor als Werkzeug der sozialen Kritik zu nutzen, um seine Leser sowohl zu unterhalten als auch zum Nachdenken zu bringen.

Während Dickens den sozialen Aspekt des Humors betonte, wandten sich andere Schriftsteller den absurderen und groteskeren Seiten des menschlichen Lebens zu. Autoren wie Lewis Carroll und Edward Lear entwickelten eine ganz eigene Form des Humors, die von Nonsens und surrealen Bildern geprägt war. Carrolls ›Alice im Wunderland‹ und Lears ›Nonsens-Gedichte‹ boten ihren Lesern eine Flucht in fantastische Welten, in denen Logik und Vernunft zugunsten von Absurdität und Spiel aufgegeben wurden. Dieser Humor stellte die Konventionen des alltäglichen Lebens in Frage und lud dazu ein, die Welt aus einer neuen, verspielten Perspektive zu betrachten.

Gegen Ende des 19. Jahrhunderts entwickelte sich der Humor weiter, um den neuen Herausforderungen und Themen der Zeit gerecht zu werden. Die Entwicklung der Satire erlebte einen neuen Höhepunkt, als Schriftsteller und Karikaturisten die politischen und sozialen Missstände der Industrialisierung aufs Korn nahmen. Mark Twain, ein Meister der amerikanischen Literatur, nutzte humorvolle Satire, um die Absurditäten und Ungerechtigkeiten der Gesellschaft zu beleuchten. In Werken wie ›Die Abenteuer des Huckleberry Finn‹ und ›Die Abenteuer von Tom Sawyer‹ kombinierte Twain scharfsinnigen Humor mit einer tiefen moralischen Botschaft, die die Doppelmoral und die rassistischen Vorurteile seiner Zeit anprangerte.

Der Humor des 19. Jahrhunderts war somit ein Spiegelbild der vielfältigen und oft widersprüchlichen Entwicklungen dieser Epoche. Er reichte von der romantischen Ironie und der poetischen Verspieltheit bis hin zur scharfen sozialen Kritik und zur absurder Nonsens-Literatur. In all seinen Formen diente der Humor als ein wichtiges Mittel, um die menschliche Erfahrung in einer Zeit des Wandels und der Unsicherheit zu erfassen und zu reflektieren.

Insgesamt zeigt die Entwicklung des Humors im 19. Jahrhundert, wie eng er mit den gesellschaftlichen und literarischen Strömungen seiner Zeit verknüpft war. Er bot den Menschen eine Möglichkeit, die Herausforderungen und Veränderungen ihrer Welt zu verarbeiten, indem er sie zum Lachen brachte und gleichzeitig zum Nachdenken anregte. Humor war nicht nur eine Flucht aus der Realität, sondern auch ein Werkzeug der Erkenntnis und der Kritik, das half, die Komplexität und die Widersprüche des Lebens im Zeitalter der Romantik und der Industrialisierung zu bewältigen.

Der Humor des 20. Jahrhunderts

Von der Kabarett- und Varietékultur bis zu den ersten Comedy-Filmen

Der Übergang ins 20. Jahrhundert brachte eine Zeit tiefgreifender gesellschaftlicher und kultureller Umbrüche mit sich, die auch den Humor und seine Ausdrucksformen maßgeblich beeinflussten. In dieser dynamischen Epoche entwickelten sich neue Formen der Unterhaltung, die den Humor in das öffentliche Bewusstsein rückten und ihn zu einem zentralen Bestandteil des kulturellen Lebens machten.

Die Kabarett- und Varietékultur, die in Europa zu Beginn des 20. Jahrhunderts aufblühte, spielte eine entscheidende Rolle bei der Popularisierung des Humors. Diese Bühnenformate boten eine Mischung aus Musik, Tanz, Schauspiel und vor allem humoristischen Einlagen, die das Publikum sowohl unterhalten als auch zum Nachdenken anregen sollten. Besonders in Städten wie Paris und Berlin wurden Kabaretts zu Zentren intellektuellen und künstlerischen Austauschs, in denen politische und gesellschaftliche Themen auf satirische Weise behandelt wurden. Namen wie das ›Cabaret Voltaire‹ in Zürich oder das ›Kabarett Simpl‹ in Wien sind untrennbar mit dieser bewegten Zeit verbunden. Künstler wie Karl Valentin, Claire Waldoff und die Comedian Harmonists nutzten die Bühne, um mit scharfem

Witz und ironischen Kommentaren die Missstände ihrer Zeit anzuprangern und das Publikum zum Lachen zu bringen.

Gleichzeitig entwickelte sich in den Vereinigten Staaten eine ganz eigene Form des Bühnenspaßes: das Vaudeville. Diese Varieté-Form, die in den 1880er Jahren entstand und bis in die frühen 1930er Jahre ihre Blütezeit erlebte, war ein Schmelztiegel unterschiedlicher Darbietungen. Von Akrobatik und Zauberei über Gesang und Tanz bis hin zu humoristischen Sketchen bot das Vaudeville ein breites Spektrum an Unterhaltung. Hier fanden viele spätere Hollywood-Stars ihren ersten Erfolg. Künstler wie Buster Keaton und Charlie Chaplin begannen ihre Karriere auf den Vaudeville-Bühnen, bevor sie die Welt des Stummfilms eroberten.

Der Stummfilm, der Anfang des 20. Jahrhunderts seinen Siegeszug antrat, revolutionierte die Art und Weise, wie Humor dargestellt und wahrgenommen wurde. In einer Zeit, in der die Technologie des Films noch in den Kinderschuhen steckte, mussten die Schauspieler auf Mimik, Gestik und physische Komik setzen, um ihr Publikum zu erreichen. Dies führte zur Entwicklung eines visuellen Humors, der universell verständlich war und keine Sprachbarrieren kannte. Die Stummfilm-Komödien von Charlie Chaplin, Buster Keaton und Harold Lloyd wurden zu Klassikern des Genres. Ihre Filme, wie Chaplins ›Der Vagabund‹ oder Keatons ›Der General‹, nutzten Slapstick-Humor und geschickte physische Darstellungen, um Geschichten zu erzählen, die zugleich lustig und tiefgründig waren.

Chaplin, mit seinem ikonischen Tramp-Charakter, nutzte die Leinwand, um soziale und politische Kommentare abzugeben, die sowohl zum Lachen als auch zum Nachdenken anregten. Seine Fähigkeit, Humor mit Pathos zu verbinden, machte ihn zu einer der einflussreichsten Figuren in der Geschichte des Films. In Werken wie ›Moderne Zeiten‹ und ›Der große Diktator‹ setzte er seinen Humor ein, um die Mechanisierung der Arbeitswelt und die Bedrohung durch totalitäre Regime zu kritisieren.

Parallel dazu entwickelte sich auch in Europa ein reicher Schatz an humoristischen Filmen und Darbietungen. Die deutsche Filmindustrie der Weimarer Republik brachte Meisterwerke hervor, die das Genre der Komödie nachhaltig prägten. Filme wie ›Die drei von der Tankstelle‹ und ›Der Kongress tanzt‹ zeigten, wie musikalischer Humor und romantische Komödie miteinander verwoben werden konnten, um das Publikum in schwierigen Zeiten zu erheitern.

Mit der Einführung des Tonfilms Ende der 1920er Jahre erlebte die Filmkomödie eine weitere Revolution. Plötzlich konnten Dialoge und Wortspiele den visuellen Humor ergänzen, was zu einer neuen Ära der Komik führte. Die Marx Brothers, mit ihrem anarchischen Wortwitz und ihrer rasanten Dialogführung, wurden zu Superstars der frühen Tonfilmzeit. Ihre Filme, wie ›Duck Soup‹ und ›A Night at the Opera‹, sind Paradebeispiele dafür, wie Sprache und visuelle Gags zu einem explosiven humoristischen Cocktail kombiniert werden können.

In den 1930er und 1940er Jahren erreichte die Screwball-Komödie ihren Höhepunkt. Diese Filme zeichneten sich durch schnelles Dialogtempo, Wortwitz und eine oft absurde Handlung aus. Regisseure wie Howard Hawks und Frank Capra schufen zeitlose Klassiker wie ›Es geschah in einer Nacht‹ und ›Leoparden küsst man nicht‹, die das Publikum mit ihrer Mischung aus Romantik und Humor begeisterten.

Die Entwicklung des Humors im 20. Jahrhundert zeigt, wie er sich ständig an die sich verändernden gesellschaftlichen und technologischen Bedingungen anpasste. Vom Kabarett und Varieté über den Stummfilm bis hin zu den ersten Tonfilm-Komödien spiegelt die Vielfalt der humoristischen Ausdrucksformen die Komplexität und Vielschichtigkeit der menschlichen Erfahrung wider. Humor wurde zu einem wichtigen Medium, um die Herausforderungen und Absurditäten des Lebens zu verarbeiten, und er bleibt ein unverzichtbarer Bestandteil unserer Kultur, der uns hilft, auch in schwierigen Zeiten das Lachen nicht zu verlieren.

Moderner Humor

Entwicklungen im späten 20. und frühen 21. Jahrhundert – Einfluss von Fernsehen und Internet

Der Humor des späten 20. und frühen 21. Jahrhunderts erlebte eine Transformation, die ihn in bisher ungeahnte Höhen und Breiten führte. Diese Entwicklung wurde maßgeblich durch die Medienrevolution geprägt, die mit dem Aufstieg des Fernsehens begann und sich mit dem Siegeszug des Internets fortsetzte. Fernsehen und Internet haben die Art und Weise, wie wir Humor konsumieren und teilen, grundlegend verändert und die Grenzen zwischen Publikum und Darstellern verwischt.

In der zweiten Hälfte des 20. Jahrhunderts etablierte sich das Fernsehen als das dominierende Massenmedium. Es wurde zur Hauptquelle für Nachrichten, Unterhaltung und – nicht zuletzt – für Humor. Die 1950er und 1960er Jahre sahen die Geburt von Sitcoms, die schnell zu einem festen Bestandteil des kulturellen Lebens wurden. Serien wie ›I Love Lucy‹ und ›The Dick Van Dyke Show‹ setzten neue Maßstäbe für den Fernsehhumor. Diese Serien nutzten die häusliche Umgebung und alltägliche Situationen, um humorvolle Geschichten zu erzählen, die sowohl komisch als auch nachvollziehbar waren.

In den folgenden Jahrzehnten entwickelte sich das Genre der Sitcom weiter und wurde komplexer. Serien wie ›M*A*S*H‹, die humorvolle und dramatische Elemente miteinander verbanden, zeigten, dass Fernsehkomödien auch tiefgründige Themen behandeln können. In den 1980er und 1990er Jahren eroberten Shows wie ›Cheers‹, ›Seinfeld‹ und ›Friends‹ die Herzen des Publikums und definierten den Humor einer Generation. Diese Serien nutzten scharfsinnige Dialoge, ausgefeilte Charaktere und ein Gespür für die Absurditäten des Alltags, um ein breites Publikum zu unterhalten.

Parallel zur Entwicklung der Sitcoms traten auch Late-Night-Talkshows und Sketch-Comedy-Formate ins Rampenlicht. Shows wie ›Saturday Night Live‹, die 1975 debütierte, wurden zu Plattformen für satirische Kommentare und politische Parodien. SNL und ähnliche Formate boten Nachwuchskomikern eine Bühne, auf der sie ihre Talente präsentieren und ihre Karrieren starten konnten. Namen wie Eddie Murphy, Tina Fey und Will Ferrell fanden hier ihre ersten großen Erfolge.

Das späte 20. Jahrhundert sah auch den Aufstieg von Stand-up-Comedy als eigenständiger Kunstform. Komiker wie Richard Pryor, George Carlin und Robin Williams nutzten die Bühne, um persönliche und gesellschaftliche Themen mit bissigem Witz und scharfem Verstand zu kommentieren. Ihre Auftritte waren oft roh und ungefiltert, was ihnen erlaubte, eine direkte Verbindung zu ihrem Publikum herzustellen und über Themen zu sprechen, die in anderen Medien tabu waren.

Mit dem Beginn des 21. Jahrhunderts brachte das Internet eine neue Ära des Humors hervor. Plattformen wie YouTube,

Facebook und Twitter ermöglichten es Menschen auf der ganzen Welt, ihre eigenen humoristischen Inhalte zu erstellen und zu teilen. Das Internet demokratisierte den Humor und gab jedem, der einen Computer und eine Internetverbindung hatte, die Möglichkeit, ein breites Publikum zu erreichen.

Virale Videos wurden zu einem neuen Phänomen, das die Art und Weise, wie wir Humor konsumieren, revolutionierte. Ein einfaches, komisches Video konnte Millionen von Menschen in kürzester Zeit erreichen. Der Erfolg solcher Videos wie ›Charlie bit my finger‹ oder ›Keyboard Cat‹ zeigte, dass humoristische Inhalte, die authentisch und spontan wirkten, die Menschen besonders ansprachen.

Social Media ermöglichte es auch neuen Formen des Humors, sich zu entwickeln und zu verbreiten. Memes wurden zu einer dominanten Form der Online-Kommunikation, die komplexe Ideen und Gefühle in einfachen, oft humorvollen Bildern und Texten ausdrückte. Plattformen wie Reddit und Instagram wurden zu Brutstätten für kreative und subversive humoristische Inhalte, die oft eine Mischung aus Satire, Ironie und Absurdität darstellten.

Fernsehserien passten sich den neuen Gegebenheiten an und nutzten das Internet, um ihre Reichweite zu erweitern. Streaming-Dienste wie Netflix, Hulu und Amazon Prime produzierten eigene Comedy-Serien, die oft gewagter und experimenteller waren als traditionelle Fernsehformate. Serien wie ›BoJack Horseman‹, ›The Marvelous Mrs. Maisel‹ und ›Fleabag‹

kombinierten scharfsinnigen Humor mit tiefgründigen Charakterstudien und erzählerischer Innovation.

Die Verlagerung des Humors ins digitale Zeitalter brachte auch neue Herausforderungen mit sich. Die schiere Menge an verfügbaren Inhalten und die Kurzlebigkeit des Internets bedeuteten, dass Humor ständig neu erfunden und angepasst werden musste, um relevant zu bleiben. Gleichzeitig boten diese neuen Plattformen eine größere Vielfalt an Stimmen und Perspektiven, die den Humor bereicherten und vielfältiger machten.

Insgesamt zeigt die Entwicklung des Humors im späten 20. und frühen 21. Jahrhundert, wie flexibel und anpassungsfähig diese menschliche Eigenschaft ist. Ob auf der Bühne, im Fernsehen oder im Internet – Humor bleibt ein mächtiges Mittel, um die Komplexität des menschlichen Lebens zu reflektieren, zu kommentieren und letztendlich zu bewältigen.

Teil II: Psychologische und Soziologische Aspekte des Humors

Die Psychologie des Lachens

Warum wir lachen: neurologische und psychologische Erklärungen

Lachen ist ein faszinierendes Phänomen, das sowohl neurologische als auch psychologische Dimensionen umfasst. Neurologisch betrachtet, wird Lachen durch die Aktivierung bestimmter Hirnregionen ausgelöst, insbesondere des limbischen Systems, das für Emotionen und das Belohnungssystem zuständig ist. Wenn wir lachen, schütten unsere Gehirne Endorphine aus, die als natürliche Schmerzmittel und Stimmungsaufheller wirken. Diese biochemischen Prozesse erklären, warum Lachen oft als angenehme und entspannende Erfahrung empfunden wird.

Psychologisch gesehen erfüllt Lachen viele verschiedene Funktionen. Es kann als Ausdruck von Freude und Glück dienen, aber auch als Mittel zur Stressbewältigung und zur Verbesserung der sozialen Bindungen. Humor und Lachen fördern das Gefühl der Gemeinschaft und der Zusammengehörigkeit, indem sie gemeinsame Erlebnisse und Sichtweisen verstärken. Soziale Psychologen haben herausgefunden, dass Menschen, die zusammen lachen, sich enger verbunden fühlen und stärker miteinander identifizieren.

Humor und Seriosität:

Ein Balanceakt

Ein oft diskutiertes Thema ist die Frage, ob Humor die Seriosität eines Themas oder einer Person mindert. Diese Sorge ist in vielen professionellen und gesellschaftlichen Kontexten präsent, insbesondere in Umgebungen, die von formeller Etikette und ernsthafter Kommunikation geprägt sind. Es besteht die Befürchtung, dass das Einbringen von Humor den Ernst der Angelegenheit untergraben könnte.

Humor kann jedoch auch das Gegenteil bewirken: Er kann die Seriosität und die Ernsthaftigkeit eines Themas unterstreichen, indem er komplexe oder schwierige Themen zugänglicher macht. Ein geschickt eingesetzter humorvoller Kommentar kann Spannungen abbauen, Brücken zwischen verschiedenen Meinungen bauen und eine offenere und entspanntere Atmosphäre schaffen. Dies kann insbesondere in Verhandlungen oder in der Lehre von Vorteil sein, wo eine steife und übermäßig ernste Haltung kontraproduktiv sein könnte.

Ein gutes Beispiel dafür sind humorvolle Reden oder Präsentationen. Wenn ein Redner humorvoll und gleichzeitig sachkundig ist, kann er sein Publikum nicht nur unterhalten, sondern auch tiefer in die Materie einführen. Der Humor kann helfen, zentrale Botschaften einprägsamer zu machen und das Interesse des Publikums zu steigern. Somit ist der Humor nicht als Widersacher der

Seriosität zu betrachten, sondern vielmehr als ein ergänzendes Werkzeug, das, richtig eingesetzt, den ernsthaften Inhalt verstärken kann.

Künstliche Verlegenheitslacher:

Eine soziale Dynamik

Ein weiterer interessanter Aspekt des Humors ist das Phänomen der ›künstlichen Verlegenheitslacher‹. Diese treten häufig in sozialen Interaktionen auf, in denen sich Menschen unsicher oder unbehaglich fühlen. Solche Lacher dienen oft als soziale Schmiermittel, um peinliche Stille zu überbrücken oder unangenehme Situationen zu entschärfen.

Künstliche Verlegenheitslacher sind ein Beispiel dafür, wie Humor als soziale Maske fungieren kann. Sie ermöglichen es den Menschen, ihr Unbehagen zu verbergen und gleichzeitig eine Form der sozialen Harmonie aufrechtzuerhalten. Diese Art des Lachens kann jedoch auch auf Unsicherheit und ein Bedürfnis nach sozialer Akzeptanz hinweisen. Es ist ein Mittel, um sich in einer Gruppe zu integrieren und Zugehörigkeit zu signalisieren, auch wenn das eigentliche Lachen nicht von echter Freude oder Humor herrührt.

Dieses Phänomen hat eine starke psychologische Komponente, da es zeigt, wie Menschen Humor nutzen, um ihre sozialen Interaktionen zu steuern und sich emotional abzusichern. Es wirft auch die Frage auf, inwieweit unser Lachen authentisch ist und inwieweit es durch soziale Konventionen und Erwartungen geprägt wird.

Humor und Emotionen

Der Zusammenhang von Humor mit anderen Emotionen wie Freude, Trauer und Angst

Humor ist eine facettenreiche und komplexe menschliche Eigenschaft, die eng mit einem breiten Spektrum von Emotionen verbunden ist. Während Humor oft mit Freude und Lachen in Verbindung gebracht wird, spielt er auch eine bedeutende Rolle im Umgang mit Trauer, Angst und anderen tiefgreifenden Gefühlen. Das Zusammenspiel von Humor und Emotionen bietet wertvolle Einblicke in die menschliche Psyche und zeigt, wie Humor als Bewältigungsmechanismus und emotionaler Ausgleich dienen kann.

Freude ist die offensichtlichste Emotion, die mit Humor verknüpft ist. Wenn wir über etwas lachen, erleben wir einen Moment der Freude, der unser Wohlbefinden steigert und Stress reduziert. Diese freudige Reaktion ist nicht nur eine kurzfristige Emotion, sondern kann langfristig das Lebensgefühl verbessern. Studien zeigen, dass Menschen, die regelmäßig lachen und einen guten Sinn für Humor haben, oft glücklicher und zufriedener mit ihrem Leben sind. Lachen setzt Endorphine frei, die sogenannten Glückshormone, die ein Gefühl der Euphorie und des Wohlbefindens erzeugen. Diese neurochemische Reaktion auf Humor und Lachen zeigt, wie tief verwurzelt die Verbindung zwischen Humor und Freude ist.

Doch Humor hat auch eine dunklere Seite und kann im Umgang mit negativen Emotionen wie Trauer und Angst eine wichtige Rolle spielen. In Zeiten großer Trauer und Verlust kann Humor als Ventil dienen, um den Schmerz zu lindern und eine gewisse Distanz zu schaffen. Menschen nutzen oft Galgenhumor oder schwarzen Humor, um mit schmerzhaften Erfahrungen umzugehen. Dieser Humor mag für Außenstehende makaber oder unangebracht erscheinen, für die Betroffenen jedoch kann er ein lebenswichtiger Mechanismus sein, um die Kontrolle über ihre Emotionen zu behalten und nicht in völlige Verzweiflung abzugleiten.

Ein Beispiel für diese Art von Humor findet sich oft bei Menschen, die in Berufen arbeiten, die regelmäßig mit Tod und Leiden konfrontiert sind, wie Ärzte, Krankenschwestern oder Soldaten. Für sie ist Humor ein Weg, sich emotional abzuschotten und dennoch ihre Aufgaben professionell zu erledigen. Durch das Lachen über ernste und tragische Situationen schaffen sie eine emotionale Barriere, die es ihnen ermöglicht, weiterzumachen und sich nicht von den überwältigenden Gefühlen erdrücken zu lassen.

Angst ist eine weitere Emotion, die durch Humor gemildert werden kann. Humor kann helfen, Ängste zu relativieren und ihnen die Macht zu nehmen. Ein berühmtes Beispiel hierfür ist Charlie Chaplins Film ›Der große Diktator‹, der Adolf Hitler und den Nationalsozialismus parodiert. Durch die humorvolle Darstellung eines bedrohlichen Themas wird die Angst vor dem Schrecken des Regimes gemindert und gleichzeitig eine starke politische Aussage gemacht. Humor kann in solchen Fällen eine Form des Widerstands sein, eine Methode, um die eigene Machtlosigkeit zu überwinden und den Mut zu behalten.

Der Zusammenhang zwischen Humor und Angst zeigt sich auch im alltäglichen Leben. Menschen, die humorvoll mit ihren Ängsten umgehen, sind oft in der Lage, stressige Situationen besser zu bewältigen. Indem sie über ihre Ängste lachen, nehmen sie ihnen die Schärfe und machen sie handhabbarer. Diese Technik, die in der Psychologie als ›humorvolle Reframing‹ bezeichnet wird, hilft Menschen, eine positivere Sichtweise auf beängstigende oder unangenehme Situationen zu entwickeln.

Ein weiterer interessanter Aspekt ist, wie Humor in der zwischenmenschlichen Kommunikation Emotionen vermittelt und modifiziert. Humor kann Spannungen abbauen und Konflikte entschärfen. In einem Streit kann ein humorvoller Kommentar die Stimmung ändern und eine Atmosphäre der Versöhnung schaffen. Humor ermöglicht es Menschen, auf eine weniger konfrontative Weise Kritik zu äußern oder schwierige Themen anzusprechen, was oft zu einer besseren Verständigung und Konfliktlösung führt.

Darüber hinaus kann Humor als ein sozialer Kitt dienen, der Menschen zusammenbringt und soziale Bindungen stärkt. Gemeinsames Lachen schafft eine positive Gruppendynamik und fördert das Gefühl der Zugehörigkeit und des Vertrauens. In sozialen Gruppen kann Humor als eine Art emotionaler Ausgleich fungieren, der hilft, die Balance zwischen verschiedenen Emotionen zu halten und das soziale Gefüge zu stabilisieren.

Zusammengefasst ist Humor eine tiefgreifende emotionale Ressource, die weit über bloße Heiterkeit hinausgeht. Er verbindet Freude, hilft, Trauer und Angst zu bewältigen, fördert die zwischenmenschliche Kommunikation und stärkt soziale Bindungen. In seiner Fähigkeit, eine breite Palette von Emotionen zu modulieren, zeigt sich die wahre Macht des Humors. In einer Welt, die oft von Unsicherheiten und Herausforderungen geprägt ist, bleibt Humor eine der wirkungsvollsten Methoden, um mit den Höhen und Tiefen des Lebens umzugehen und emotionale Gesundheit zu fördern.

Soziologie des Humors

Die soziale Funktion von Humor und dessen Rolle in Gruppen

Humor ist mehr als nur eine Quelle der Unterhaltung; er ist ein komplexes soziales Phänomen, das tief in der Struktur menschlicher Interaktionen verwurzelt ist. Die Fähigkeit, zu lachen und andere zum Lachen zu bringen, spielt eine entscheidende Rolle in der Dynamik von Gruppen und Gemeinschaften. Um die soziale Funktion von Humor vollständig zu verstehen, ist es wichtig, seine verschiedenen Aspekte und Auswirkungen zu beleuchten.

Humor als soziales Bindemittel

Einer der zentralen Aspekte von Humor ist seine Fähigkeit, Menschen zu verbinden. In einer Gruppe kann gemeinsames Lachen Barrieren abbauen und ein Gefühl der Zusammengehörigkeit schaffen. Humor dient als soziales Schmiermittel, das Interaktionen erleichtert und Spannungen abbaut. Wenn Menschen gemeinsam lachen, entsteht eine Atmosphäre des Vertrauens und der Offenheit, die es ihnen ermöglicht, sich näher zu kommen und tiefere soziale Bindungen zu entwickeln.

Dies zeigt sich besonders deutlich in informellen Gruppensituationen, sei es in der Familie, unter Freunden oder am Arbeitsplatz. Ein gemeinsamer Witz oder eine humorvolle Bemerkung kann ein Gefühl der Solidarität und des Einvernehmens schaffen. Diese Momente des gemeinsamen Lachens fördern nicht nur die soziale Kohäsion, sondern stärken auch das kollektive Identitätsgefühl der Gruppe.

Humor und soziale Hierarchien

Humor spielt auch eine wichtige Rolle bei der Etablierung und Aufrechterhaltung sozialer Hierarchien. In vielen Kulturen und sozialen Kontexten wird Humor als Mittel genutzt, um Machtverhältnisse zu definieren und zu verhandeln. Ein Vorgesetzter, der über sich selbst lacht oder humorvolle Bemerkungen macht, kann sich zugänglicher und weniger bedrohlich darstellen, was die Arbeitsatmosphäre entspannen kann. Gleichzeitig kann humorvolle Kritik oder Sarkasmus von Untergebenen genutzt werden, um Missstände anzusprechen, ohne offen konfrontativ zu wirken.

Jedoch kann Humor auch zur Aufrechterhaltung von Machtstrukturen beitragen. In Gruppen, in denen ein hohes Maß an Hierarchie besteht, kann Humor dazu verwendet werden, die bestehenden Verhältnisse zu bestätigen und zu verstärken. Dies zeigt sich beispielsweise in der Tradition des ›Roasts‹, bei dem eine Person in einer Machtposition auf humorvolle Weise kritisiert wird, was letztlich ihre Position und ihr Ansehen festigt, indem sie zeigt, dass sie über sich selbst lachen kann.

Humor als Ventil für soziale Spannungen

In vielen sozialen Situationen dient Humor als Ventil, um Spannungen abzubauen und Konflikte zu entschärfen. Wenn Spannungen innerhalb einer Gruppe aufkommen, kann eine humorvolle Bemerkung oder ein Witz die Situation deeskalieren und die Stimmung auflockern. Dies verhindert, dass Konflikte eskalieren und ermöglicht es den Gruppenmitgliedern, sich auf konstruktivere Weise mit den Problemen auseinanderzusetzen.

Darüber hinaus bietet Humor eine Möglichkeit, mit unangenehmen oder heiklen Themen umzugehen. Durch die humorvolle Darstellung von Tabus oder sozialen Missständen können diese Themen angesprochen werden, ohne dass die Beteiligten das Gefühl haben, dass ihre sozialen Normen oder Werte verletzt werden. Dies erleichtert den Diskurs über schwierige Themen und kann langfristig zu einer Veränderung der sozialen Normen und Einstellungen führen.

Humor und kulturelle Identität

Humor ist auch ein wesentlicher Bestandteil der kulturellen Identität. Jede Kultur hat ihre eigenen Formen des Humors, die oft tief in den gesellschaftlichen Werten und Normen verankert sind. Diese humoristischen Traditionen tragen zur Schaffung und Aufrechterhaltung einer kollektiven Identität bei. Indem Menschen gemeinsam über kulturell spezifische Witze und Anekdoten lachen, bestätigen sie ihre Zugehörigkeit zu dieser Kultur und stärken ihr Gemeinschaftsgefühl.

Gleichzeitig kann interkultureller Humor eine Brücke zwischen verschiedenen Kulturen schlagen. Wenn Menschen aus unterschiedlichen kulturellen Hintergründen gemeinsam lachen können, trägt dies zum interkulturellen Verständnis und zur Überwindung von Vorurteilen bei. Humor kann somit als ein Mittel der sozialen Integration und des kulturellen Austauschs dienen.

Fazit:

Die soziale Funktion von Humor und dessen Rolle in Gruppen ist ein vielschichtiges und faszinierendes Thema. Humor verbindet Menschen, baut soziale Hierarchien auf und ab, dient als Ventil für Spannungen und trägt zur kulturellen Identität bei. Indem wir die verschiedenen Facetten des Humors und seine sozialen Implikationen verstehen, können wir die Dynamik menschlicher Interaktionen besser begreifen und die Bedeutung von Humor in unserem täglichen Leben schätzen lernen. Humor ist nicht nur ein Mittel zur Unterhaltung, sondern ein essenzielles Element der menschlichen Sozialstruktur.

Humor und Gesundheit

Die heilende Kraft des Lachens

Humor und Lachen sind weit mehr als bloße Ausdrucksformen der Freude; sie sind kraftvolle Werkzeuge, die tiefgreifende Auswirkungen auf unsere körperliche und geistige Gesundheit haben können. Seit Jahrhunderten erkennen Menschen in verschiedenen Kulturen die wohltuende Wirkung des Lachens, doch erst in jüngerer Zeit haben wissenschaftliche Studien begonnen, die Mechanismen und Vorteile von Humor für unsere Gesundheit systematisch zu untersuchen. Dieses Kapitel beleuchtet die heilende Kraft des Lachens und wie Humor unser Wohlbefinden fördert.

Physiologische Auswirkungen des Lachens

Wenn wir lachen, durchläuft unser Körper eine Reihe von physiologischen Veränderungen, die eine Vielzahl von gesundheitlichen Vorteilen mit sich bringen. Lachen aktiviert das parasympathische Nervensystem, was zu einer Verringerung des Stresshormonspiegels führt. Stresshormone wie Cortisol und Adrenalin werden abgebaut, wodurch sich eine entspannende Wirkung einstellt. Gleichzeitig steigt die Produktion von Endorphinen, den körpereigenen Glückshormonen, die Schmerzen lindern und ein Gefühl des Wohlbefindens erzeugen.

Das Lachen hat auch positive Effekte auf das Herz-Kreislauf-System. Studien haben gezeigt, dass regelmäßiges Lachen die Funktion der Blutgefäße verbessert und die Durchblutung fördert, was wiederum das Risiko von Herz-Kreislauf-Erkrankungen senken kann. Darüber hinaus wird durch das Lachen die Atemfrequenz erhöht, was die Sauerstoffversorgung des Körpers verbessert und die Lungenkapazität stärkt.

Immunsystem und Schmerzbewältigung

Ein weiterer bemerkenswerter Effekt des Lachens ist seine Fähigkeit, das Immunsystem zu stärken. Durch die Reduktion von Stresshormonen und die Freisetzung von Endorphinen wird das Immunsystem stimuliert. Dies führt zu einer erhöhten Produktion von Immunzellen wie T-Lymphozyten und natürlichen Killerzellen, die eine wichtige Rolle bei der Abwehr von Infektionen und Krankheiten spielen. Menschen, die häufig lachen, haben daher oft eine bessere Immunabwehr und sind weniger anfällig für Erkältungen und andere Infektionen.

Darüber hinaus kann Lachen eine natürliche Schmerztherapie sein. Die Endorphine, die während des Lachens freigesetzt werden, wirken als natürliche Schmerzmittel. Studien haben gezeigt, dass Menschen, die regelmäßig lachen, ein höheres Schmerzbewusstsein und eine höhere Schmerztoleranz haben. Dies macht Humor zu einer wertvollen Ergänzung in der Schmerzbehandlung und -bewältigung.

Psychologische Vorteile des Humors

Neben den physiologischen Vorteilen hat Humor auch tief-greifende positive Auswirkungen auf die psychische Gesund-heit. Lachen und Humor fördern ein positives emotionales Klima und helfen, negative Emotionen wie Angst, Wut und Trauer zu überwinden. In schwierigen Lebenssituationen kann Humor eine Bewältigungsstrategie sein, die es uns ermöglicht, Probleme mit einer gewissen Distanz zu betrachten und kreati-ve Lösungen zu finden.

Humor spielt auch eine wichtige Rolle bei der Förderung der Resilienz. Menschen, die eine humorvolle Einstellung haben, sind besser in der Lage, mit Stress und Rückschlägen umzuge-hen. Sie sehen Herausforderungen oft als weniger bedrohlich und sind in der Lage, optimistischer und lösungsorientierter zu bleiben. Dies trägt zu einer insgesamt besseren psychischen Gesundheit und einem höheren Maß an Lebenszufriedenheit bei.

Soziale Aspekte des Humors

Humor ist ein mächtiges soziales Werkzeug, das Beziehungen stärkt und Gemeinschaften zusammenhält. Gemeinsames La-chen fördert ein Gefühl der Verbundenheit und des Zusam-menhalts. Es schafft positive soziale Interaktionen und kann dazu beitragen, soziale Barrieren abzubauen. In Gruppen för-dert Humor eine offene Kommunikation und ein kooperatives Klima, was zu einer besseren Zusammenarbeit und einem har-monischeren Miteinander führt.

Auch in therapeutischen Kontexten wird Humor zunehmend eingesetzt. Lachtherapie, auch als Gelotologie bekannt, nutzt das Lachen gezielt, um das Wohlbefinden zu steigern und Heilungsprozesse zu unterstützen. In Kliniken und Pflegeeinrichtungen werden Humorprogramme integriert, um Patienten zu helfen, mit ihrer Krankheit umzugehen und den Heilungsprozess zu fördern. Die positiven Effekte von Humor und Lachen auf die Genesung und das Wohlbefinden der Patienten sind gut dokumentiert und werden in der modernen Medizin immer häufiger anerkannt.

Fazit:

Humor und Lachen sind nicht nur angenehme Zeitvertreibe, sondern kraftvolle Gesundheitswerkzeuge, die tiefgreifende Vorteile für Körper und Geist bieten. Sie stärken das Immunsystem, verbessern die Herz-Kreislauf-Gesundheit, lindern Schmerzen und fördern die psychische Resilienz. Darüber hinaus stärken sie soziale Bindungen und tragen zu einem harmonischeren Miteinander bei. Die heilende Kraft des Humors ist ein bemerkenswertes Beispiel dafür, wie etwas so Einfaches und Alltägliches wie Lachen eine tiefgreifende Wirkung auf unser Wohlbefinden haben kann. In einer Welt, die oft von Stress und Herausforderungen geprägt ist, erinnert uns der Humor daran, dass es wichtig ist, gelegentlich innezuhalten, zu lachen und die positiven Seiten des Lebens zu genießen.

Teil III: Kulturelle Vielfalt des Humors

Kulturelle Unterschiede im Humor

Ein Vergleich zwischen britischem, amerikanischem und deutschem Humor

Humor ist ein universelles Phänomen, das in jeder Kultur auf der Welt existiert. Doch die Art und Weise, wie Humor ausgedrückt und verstanden wird, kann stark variieren. In diesem Kapitel werfen wir einen Blick auf die Unterschiede zwischen britischem, amerikanischem und deutschem Humor. Diese drei Traditionen bieten einzigartige Perspektiven und Stile, die tief in den jeweiligen kulturellen Kontexten verwurzelt sind.

Britischer Humor:

Subtilität und Ironie

Der britische Humor ist weltweit bekannt für seine Subtilität, seinen trockenen Witz und seine Vorliebe für Ironie und Understatement. Die Briten haben eine bemerkenswerte Fähigkeit entwickelt, komplexe und oft düstere Themen mit einem leichten, humorvollen Touch zu behandeln. Diese Form des Humors ist oft schwer zu fassen und kann für Außenstehende zunächst unverständlich erscheinen. Doch gerade diese Subtilität macht den britischen Humor so besonders.

Ein herausragendes Merkmal des britischen Humors ist die Selbstironie. Britische Komiker und Autoren haben keine Scheu, sich selbst oder ihre eigene Kultur ins Lächerliche zu ziehen. Diese Selbstironie kann in literarischen Werken wie den Romanen von P.G. Wodehouse oder in Fernsehsendungen wie ›Monty Python's Flying Circus‹ und ›Fawlty Towers‹ beobachtet werden. Diese Werke sind Meisterwerke des absurden Humors, der alltägliche Situationen in groteske und urkomische Szenarien verwandelt.

Ein weiteres charakteristisches Element des britischen Humors ist das Understatement. Anstatt laut und direkt zu sein, bevorzugen es die Briten, ihre Witze und Bemerkungen dezent und leise zu machen. Diese Zurückhaltung verleiht dem Humor eine gewisse Raffinesse und Tiefe, die oft erst bei genauerem Hinhören offenbart wird.

Amerikanischer Humor:

Direktheit und Vielfalt

Im Gegensatz zum subtilen britischen Humor ist der amerikanische Humor oft direkter und vielfältiger in seinen Ausdrucksformen. Die USA sind ein kultureller Schmelztiegel, und diese Vielfalt spiegelt sich auch im Humor wider. Amerikanischer Humor umfasst eine breite Palette von Stilen, von Slapstick und körperlicher Komik bis hin zu cleveren Wortspielen und scharfsinnigen gesellschaftlichen Kommentaren.

Eine der einflussreichsten Traditionen des amerikanischen Humors ist der Stand-up-Comedy. Komiker wie Richard Pryor, George Carlin und Robin Williams haben das Genre geprägt und sind bekannt für ihre Fähigkeit, gesellschaftliche Normen und Tabus mit scharfer Zunge und witzigen Beobachtungen zu hinterfragen. Stand-up-Comedy bietet eine Plattform für Komiker, ihre persönlichen Erfahrungen und Ansichten auf humorvolle Weise zu teilen und gleichzeitig das Publikum zum Nachdenken anzuregen.

Amerikanischer Humor ist auch stark von der Fernseh- und Filmindustrie geprägt. Sitcoms wie ›Friends‹, ›The Simpsons‹ und ›Seinfeld‹ haben Millionen von Menschen weltweit zum Lachen gebracht. Diese Shows zeichnen sich durch ihren schnellen Dialog, ihre skurrilen Charaktere und ihre Fähigkeit aus, alltägliche Situationen in humorvolle Geschichten zu verwandeln. Die Vielfalt der Themen und Stile im amerikanischen Humor zeigt sich auch in der Filmkomödie, von den Slapstick-Meisterwerken der Marx Brothers bis hin zu den modernen, oft schrägen Werken der Coen-Brüder.

Deutscher Humor:

Direktheit und Gesellschaftskritik

Der deutsche Humor wird oft als weniger subtil und direkter als der britische Humor wahrgenommen, doch auch er hat seine eigenen einzigartigen Qualitäten und Traditionen. Deutsche Komödie und Satire sind stark von gesellschaftlichen und politischen Themen beeinflusst. Humor wird häufig als Mittel zur

Kritik und zum Nachdenken über soziale Missstände eingesetzt.

Ein klassisches Beispiel für deutschen Humor ist die Kabarett-Tradition, die in den frühen Jahrzehnten des 20. Jahrhunderts ihre Blütezeit erlebte. Kabarettisten wie Karl Valentin und Kurt Tucholsky verwendeten scharfsinnige Satire und Wortspiele, um die politischen und sozialen Zustände ihrer Zeit zu kommentieren. Diese Tradition der scharfen gesellschaftlichen Beobachtung setzt sich in modernen Kabarettisten wie Dieter Nuhr und Urban Priol fort, die aktuelle politische Ereignisse und gesellschaftliche Trends auf humorvolle Weise analysieren.

Deutscher Humor kann auch sehr körperlich und slapstickartig sein. Eine ikonische Figur in diesem Bereich ist Loriot, dessen Sketche und Filme wie ›Ödipussi‹ und ›Pappa ante Portas‹ die alltäglichen Absurditäten und Eigenheiten der deutschen Gesellschaft auf liebevolle und gleichzeitig urkomische Weise darstellen. Loriots Humor ist geprägt von einer Mischung aus feiner Beobachtung und der Fähigkeit, banale Situationen in wahre Komödien zu verwandeln.

Fazit:

Die Unterschiede zwischen britischem, amerikanischem und deutschem Humor sind Ausdruck der jeweiligen kulturellen Hintergründe und historischen Entwicklungen. Während der britische Humor für seine Subtilität und Ironie bekannt ist, zeichnet sich der amerikanische Humor durch seine Vielfalt und Direktheit aus. Der deutsche Humor hingegen verbindet gesellschaftskritische Satire mit körperlicher Komik und direkter Ausdrucksweise. Jeder dieser Humorstile bietet einzigartige Einblicke in die Kultur, die ihn hervorgebracht hat, und zeigt, wie vielfältig und facettenreich das menschliche Lachen sein kann.

Interkultureller Humor

Humor in einer globalisierten Welt und Missverständnisse

In unserer heutigen globalisierten Welt sind kulturelle Grenzen zunehmend durchlässig geworden. Dies gilt auch für den Humor, der durch das Internet und die weltweite Verbreitung von Medien eine größere Reichweite und Vielfalt erlangt hat als je zuvor. Doch während diese globale Vernetzung den Austausch humoristischer Ideen fördert, führt sie auch zu Missverständnissen und kulturellen Kollisionen. Humor, der in einer Kultur als witzig und harmlos empfunden wird, kann in einer anderen als beleidigend oder unverständlich gelten. Dieses Kapitel beleuchtet die Dynamik des interkulturellen Humors und die Herausforderungen, die mit seinem Verständnis und seiner Interpretation einhergehen.

Die Globalisierung des Humors

Die Globalisierung hat dazu geführt, dass humoristische Inhalte aus verschiedenen Kulturen schnell und weit verbreitet werden können. Plattformen wie YouTube, Netflix und soziale Medien ermöglichen es Menschen auf der ganzen Welt, Comedy-Shows, Filme und Sketche aus anderen Ländern zu entdecken. Diese Zugänglichkeit hat dazu beigetragen, dass humoristische Stile und Trends grenzüberschreitend an Popularität gewinnen.

Ein bemerkenswertes Beispiel für diese Globalisierung des Humors ist der Erfolg internationaler Stand-up-Comedians. Künstler wie Trevor Noah, dessen südafrikanischer Hintergrund seine Comedy stark prägt, oder die britisch-indische Komikerin Gina Yashere, haben weltweite Fangemeinden aufgebaut. Ihre Fähigkeit, kulturelle Unterschiede humorvoll zu thematisieren, ermöglicht es ihnen, ein vielfältiges Publikum anzusprechen.

Die Globalisierung hat auch zu einer Vermischung verschiedener humoristischer Traditionen geführt. Amerikanische Sitcoms wie ›Friends‹ und ›The Office‹ haben internationalen Einfluss erlangt und inspirieren humoristische Formate in anderen Ländern. Umgekehrt finden Elemente des britischen, japanischen oder französischen Humors ihren Weg in amerikanische Produktionen. Diese interkulturellen Einflüsse bereichern den globalen Humor und schaffen neue, hybride Formen des Lachens.

Missverständnisse und kulturelle Kollisionen

Trotz dieser Bereicherung bringt der interkulturelle Humor auch Herausforderungen mit sich. Humor ist tief in kulturellen Normen und Kontexten verwurzelt, und was in einer Kultur als witzig gilt, kann in einer anderen als unhöflich oder verwirrend empfunden werden. Diese Missverständnisse können zu kulturellen Kollisionen führen, bei denen der beabsichtigte Humor nicht die gewünschte Wirkung erzielt oder sogar negative Reaktionen hervorruft.

Ein klassisches Beispiel für solche Missverständnisse ist der Einsatz von Ironie und Sarkasmus. In vielen westlichen Kulturen, insbesondere in Großbritannien, ist Ironie eine gängige humoristische Technik. Doch in anderen Kulturen, in denen direkte Kommunikation bevorzugt wird, kann ironischer Humor als verwirrend oder beleidigend wahrgenommen werden. Ein ironischer Kommentar, der in einer britischen Comedy-Show Lachen hervorruft, könnte bei einem internationalen Publikum auf Unverständnis stoßen.

Ähnlich verhält es sich mit kulturellen Referenzen und Insider-Witzen. Humor, der stark auf spezifische kulturelle oder historische Kontexte verweist, kann für Außenstehende schwer verständlich sein. Ein Beispiel hierfür sind die zahlreichen Anspielungen auf amerikanische Popkultur in US-Comedy-Shows. Während amerikanische Zuschauer diese Referenzen sofort erkennen und schätzen, könnten internationale Zuschauer den Witz nicht nachvollziehen, weil ihnen der Kontext fehlt.

Humor als Brücke und Barriere

Trotz der potenziellen Missverständnisse hat der interkulturelle Humor das Potenzial, als Brücke zwischen Kulturen zu dienen. Humor kann Vorurteile abbauen, Empathie fördern und eine gemeinsame menschliche Erfahrung schaffen. Wenn Menschen aus verschiedenen Kulturen über dieselben Witze lachen können, entsteht eine Verbindung, die kulturelle Unterschiede überwindet.

Ein beeindruckendes Beispiel für die verbindende Kraft des Humors ist die Arbeit von Komikern, die bewusst interkulturelle Themen aufgreifen. Trevor Noah etwa nutzt seine südafrikanischen Wurzeln und seine Erfahrungen als Sohn einer gemischtrassigen Familie, um über Rassismus und kulturelle Unterschiede zu sprechen. Seine Comedy hilft, kulturelle Barrieren zu überwinden und ein globales Publikum anzusprechen.

Dennoch bleibt die Herausforderung bestehen, dass Humor auch als Barriere wirken kann. Wenn kulturelle Unterschiede nicht verstanden oder respektiert werden, kann humorvolle Kommunikation zu Missverständnissen und sogar Konflikten führen. Es ist wichtig, dass wir uns der kulturellen Kontexte bewusst sind und Sensibilität im Umgang mit interkulturellem Humor zeigen.

Fazit:

Der interkulturelle Humor in einer globalisierten Welt ist ein zweischneidiges Schwert. Auf der einen Seite ermöglicht er einen reichen Austausch humoristischer Ideen und kann als Brücke zwischen Kulturen dienen. Auf der anderen Seite birgt er das Risiko von Missverständnissen und kulturellen Kollisionen. Um die positiven Aspekte des interkulturellen Humors zu nutzen und die negativen zu minimieren, ist ein tiefes Verständnis und eine respektvolle Sensibilität gegenüber den kulturellen Unterschieden erforderlich. Nur so kann Humor seine universelle Kraft entfalten und Menschen weltweit zum Lachen bringen, unabhängig von ihren kulturellen Hintergründen.

Religiöser und politischer Humor

Die Rolle des Humors in religiösen und politischen Kontexten

Humor ist eine kraftvolle Ausdrucksform, die nicht nur zur Unterhaltung dient, sondern auch tiefere gesellschaftliche und kulturelle Funktionen erfüllt. In religiösen und politischen Kontexten wird Humor oft als Mittel eingesetzt, um Kritik zu üben, Missstände aufzuzeigen oder Gemeinschaften zu stärken. Dieses Kapitel beleuchtet die Rolle des Humors in diesen sensiblen Bereichen und zeigt auf, wie er sowohl als verbindendes als auch als trennendes Element wirken kann.

Religiöser Humor:

Glaube und Gelächter

Religiöser Humor ist ein vielschichtiges und oft kontroverses Thema. In vielen Kulturen spielt Religion eine zentrale Rolle im Leben der Menschen, und humorvolle Äußerungen darüber können sowohl als blasphemisch als auch als heilend empfunden werden. Religiöser Humor kann dabei helfen, den Glauben zugänglicher zu machen, oder er kann als Werkzeug zur Kritik und Reflexion dienen.

Ein klassisches Beispiel für religiösen Humor findet sich in den Schriften des Mittelalters. Mönche und Gelehrte nutzten oft humorvolle Anekdoten und Geschichten, um moralische und theologische Lektionen zu vermitteln. Diese Erzählungen dienten nicht nur der Unterhaltung, sondern auch der didaktischen Vermittlung komplexer religiöser Ideen. Humor wurde als Mittel eingesetzt, um das Publikum zu fesseln und schwierige Konzepte auf eine zugängliche Weise zu präsentieren.

In der modernen Zeit hat sich der religiöse Humor weiterentwickelt und findet seinen Ausdruck in verschiedenen Medien. Filme, Bücher und Stand-up-Comedy greifen religiöse Themen auf und bieten eine Plattform für Reflexion und Diskussion. Ein prominentes Beispiel ist der Film ›Das Leben des Brian‹ von Monty Python, der die Geschichte von Brian erzählt, einem Mann, der zufällig zur gleichen Zeit wie Jesus geboren wurde und irrtümlich für den Messias gehalten wird. Der Film nutzt Satire, um religiöse Dogmen und Praktiken zu hinterfragen, und löste bei seiner Veröffentlichung heftige Kontroversen aus.

Religiöser Humor kann jedoch auch heikel sein und leicht Missverständnisse und Konflikte provozieren. In einigen Kulturen und Glaubensrichtungen gelten bestimmte Themen als tabu, und humorvolle Darstellungen können als respektlos oder verletzend empfunden werden. Dies zeigt sich deutlich in den Reaktionen auf die Mohammed-Karikaturen, die weltweit zu Protesten und Debatten über Meinungsfreiheit und Respekt vor religiösen Gefühlen führten. Hier wird deutlich, wie humorvolle Ausdrucksformen in religiösen Kontexten sowohl Brücken bauen als auch Barrieren errichten können.

Politischer Humor:

Satire als Spiegel der Gesellschaft

Politischer Humor hat eine lange Tradition und spielt eine entscheidende Rolle in der öffentlichen Meinungsbildung. Satire, Karikaturen und politische Kabaretts nutzen Humor, um Missstände aufzuzeigen, Machtstrukturen zu kritisieren und das Bewusstsein der Öffentlichkeit zu schärfen. Politischer Humor kann als Werkzeug des Widerstands und der Aufklärung dienen, indem er komplexe politische Themen auf eine zugängliche und unterhaltsame Weise vermittelt.

Ein herausragendes Beispiel für politischen Humor ist die amerikanische Satire-Show ›The Daily Show‹, die seit ihrer Gründung in den 1990er Jahren politische Ereignisse und Persönlichkeiten humorvoll kommentiert. Die Show nutzt Ironie, Übertreibung und Parodie, um politische Missstände und Fehlverhalten zu beleuchten. Durch ihren humorvollen Ansatz erreicht sie ein breites Publikum und regt zum Nachdenken und zur Diskussion an.

Politische Karikaturen sind eine weitere Form des politischen Humors, die seit Jahrhunderten genutzt wird, um politische Botschaften zu vermitteln. Karikaturisten wie James Gillray im 18. Jahrhundert oder die modernen Zeichner der Zeitschrift ›Charlie Hebdo‹ nutzen übertriebene Darstellungen und Symbolik, um politische Kritik zu äußern. Diese Bilder können mächtige Aussagen machen und Emotionen hervorrufen, sowohl positive als auch negative.

Politischer Humor kann jedoch auch gefährlich sein und zu Repressionen führen. In vielen autoritären Regimen wird politische Satire als Bedrohung wahrgenommen und streng kontrolliert oder gar verboten. Satiriker und Komiker, die das politische Establishment herausfordern, riskieren oft Verfolgung, Inhaftierung oder Schlimmeres. Ein Beispiel hierfür ist der russische Satiriker Viktor Shenderovich, der wegen seiner kritischen Kommentare gegenüber der Regierung bedroht und verfolgt wurde. Hier zeigt sich, dass politischer Humor nicht nur eine Form des Widerstands ist, sondern auch eine mutige und riskante Tätigkeit sein kann.

Die Doppelfunktion des Humors in religiösen und politischen Kontexten

Religiöser und politischer Humor erfüllen eine doppelte Funktion: Sie können sowohl verbinden als auch spalten. In religiösen Kontexten kann Humor helfen, Glaubensgemeinschaften zu stärken, indem er gemeinsame Erfahrungen und Überzeugungen auf humorvolle Weise reflektiert. Gleichzeitig kann er jedoch auch als respektlos empfunden werden und zu Konflikten führen. Ähnlich verhält es sich im politischen Bereich, wo Humor dazu beitragen kann, politische Missstände aufzudecken und das Bewusstsein der Öffentlichkeit zu schärfen, während er gleichzeitig zu Repressionen und Verfolgungen führen kann.

Der Schlüssel zum Verständnis der Rolle des Humors in religiösen und politischen Kontexten liegt in der Sensibilität und dem Respekt vor den kulturellen und sozialen Hintergründen. Humor kann eine mächtige Kraft des Wandels und der Reflexion sein, wenn er mit Bedacht eingesetzt wird. Gleichzeitig erfordert er ein Bewusstsein für die potenziellen Risiken und Missverständnisse, die er hervorrufen kann. In einer globalisierten Welt, in der kulturelle und politische Landschaften zunehmend miteinander verflochten sind, ist es wichtiger denn je, den Humor in all seinen Facetten zu verstehen und zu schätzen.

Dieses Kapitel zeigt, dass Humor in religiösen und politischen Kontexten weit mehr ist als nur eine Form der Unterhaltung. Er ist ein Spiegel der Gesellschaft, ein Werkzeug der Kritik und eine Brücke des Verständnisses. Durch die Erforschung der vielfältigen Rollen und Funktionen des Humors können wir ein tieferes Verständnis für seine Bedeutung und seine Wirkung in unserer Welt gewinnen.

Teil IV: Humor im Alltag

Humor am Arbeitsplatz

Einsatz von Humor zur Verbesserung des Arbeitsklimas und der Produktivität

In der modernen Arbeitswelt spielt Humor eine oft unterschätzte, jedoch entscheidende Rolle. Er kann dazu beitragen, das Arbeitsklima zu verbessern, das Wohlbefinden der Mitarbeiter zu fördern und letztlich die Produktivität zu steigern. Dieses Kapitel beleuchtet, wie Humor am Arbeitsplatz eingesetzt werden kann, um ein harmonisches und effizientes Arbeitsumfeld zu schaffen.

Der Wert des Humors in der Arbeitswelt

Humor ist ein universelles menschliches Phänomen, das Brücken zwischen Menschen bauen und Spannungen abbauen kann. Am Arbeitsplatz kann er dazu beitragen, ein positives Umfeld zu schaffen, in dem sich Mitarbeiter wohl und geschätzt fühlen. Ein gutes Arbeitsklima fördert nicht nur die Zufriedenheit der Mitarbeiter, sondern auch ihre Motivation und Leistungsbereitschaft.

Studien haben gezeigt, dass Humor am Arbeitsplatz vielfältige positive Effekte hat. Er kann das Vertrauen zwischen Kollegen

stärken, die Kommunikation verbessern und Kreativität fördern. Wenn Menschen gemeinsam lachen, entsteht eine entspannte Atmosphäre, die es ihnen ermöglicht, offener und ehr-
licher miteinander zu kommunizieren. Dies wiederum kann die
Zusammenarbeit und den Teamgeist stärken.

Humor als Stressbewältigung

Der Arbeitsalltag ist oft von Stress und Druck geprägt. Dead-
lines, hohe Erwartungen und zwischenmenschliche Konflikte
können das Arbeitsklima belasten und die Produktivität mindern. Humor bietet hier eine effektive Möglichkeit zur Stressbewältigung. Durch Lachen werden Endorphine freigesetzt, die
als natürliche Stresskiller wirken und das allgemeine Wohlbefinden verbessern.

Ein humorvoller Umgang mit Stresssituationen kann dazu
beitragen, dass diese weniger bedrohlich wirken und leichter zu
bewältigen sind. Wenn Führungskräfte und Mitarbeiter lernen,
schwierige Situationen mit einem Augenzwinkern zu betrachten, kann dies die Resilienz des Teams stärken und zu einer
positiveren Einstellung führen. Humor ermöglicht es, Distanz
zu Problemen zu gewinnen und sie aus einer neuen Perspektive
zu betrachten, was oft zu kreativen Lösungsansätzen führt.

Humor als Führungsinstrument

Für Führungskräfte kann Humor ein wertvolles Instrument
sein, um eine positive Unternehmenskultur zu fördern und die
Mitarbeiterbindung zu stärken. Ein humorvoller Führungsstil

signalisiert Offenheit und Nahbarkeit, was das Vertrauen und die Loyalität der Mitarbeiter erhöht. Führungskräfte, die Humor gezielt einsetzen, schaffen eine Atmosphäre, in der sich Mitarbeiter sicher und wertgeschätzt fühlen.

Humorvolle Führungskräfte können auch als Vorbilder für einen positiven Umgang mit Fehlern und Rückschlägen dienen. Indem sie zeigen, dass es in Ordnung ist, über sich selbst zu lachen und aus Fehlern zu lernen, fördern sie eine Kultur der Offenheit und des Wachstums. Dies kann die Innovationsfähigkeit und Anpassungsbereitschaft des Teams erhöhen.

Praktische Anwendungen von Humor am Arbeitsplatz

Es gibt zahlreiche Möglichkeiten, Humor am Arbeitsplatz gezielt einzusetzen. Dies beginnt bereits bei kleinen Gesten und Ritualen, die den Arbeitsalltag auflockern. Ein humorvoller Spruch in der Morgenbesprechung, ein witziges Poster im Büro oder gemeinsame Lachpausen können dazu beitragen, das Klima zu verbessern.

Teambuilding-Aktivitäten, die Humor und Spaß betonen, können ebenfalls die Bindung zwischen den Mitarbeitern stärken. Ob es sich um gemeinsames Improvisationstheater, ein humorvolles Quiz oder ein Teamessen mit lustigen Anekdoten handelt – solche Aktivitäten fördern den Zusammenhalt und die Zusammenarbeit im Team.

Auch im Umgang mit Kunden kann Humor eine positive Wirkung entfalten. Ein freundliches Lächeln und ein humorvoller Kommentar können dazu beitragen, eine angenehme Atmosphäre zu schaffen und die Kundenbindung zu stärken. Humorvolle Kommunikation signalisiert Offenheit und Sympathie, was das Vertrauen und die Zufriedenheit der Kunden erhöht.

Die Grenzen des Humors am Arbeitsplatz

Trotz der vielen Vorteile, die Humor am Arbeitsplatz bieten kann, ist es wichtig, seine Grenzen zu kennen. Humor sollte niemals auf Kosten anderer gehen oder respektlos wirken. Was für den einen lustig ist, kann für den anderen beleidigend oder verletzend sein. Daher ist Sensibilität und Fingerspitzengefühl gefragt.

Ein respektvoller Umgang miteinander ist die Grundlage für den erfolgreichen Einsatz von Humor. Führungskräfte und Mitarbeiter sollten darauf achten, dass ihr Humor inklusiv und wertschätzend ist. Dies bedeutet, dass Witze und humorvolle Bemerkungen keine diskriminierenden oder abwertenden Inhalte haben sollten.

Fazit:

Humor als Schlüssel zu einem positiven Arbeitsumfeld

Humor ist ein mächtiges Werkzeug, das dazu beitragen kann, das Arbeitsklima zu verbessern und die Produktivität zu steigern. Er fördert das Wohlbefinden der Mitarbeiter, stärkt den Teamgeist und erleichtert die Bewältigung von Stress und Herausforderungen. Führungskräfte, die Humor gezielt und respektvoll einsetzen, können eine positive Unternehmenskultur schaffen und die Motivation und Leistungsbereitschaft ihrer Mitarbeiter erhöhen.

In einer Arbeitswelt, die oft von Hektik und Druck geprägt ist, bietet Humor eine willkommene Möglichkeit zur Entspannung und zum Aufbau zwischenmenschlicher Beziehungen. Indem wir lernen, die humorvollen Seiten des Arbeitsalltags zu schätzen und zu nutzen, können wir eine Umgebung schaffen, in der sich jeder wohl und wertgeschätzt fühlt. Humor ist nicht nur eine Quelle der Freude, sondern auch ein Schlüssel zu einem erfolgreichen und erfüllten Arbeitsleben.

Humor in der Erziehung

Die Bedeutung von Humor in der Kindererziehung und im Bildungswesen

Humor spielt eine essentielle Rolle in der menschlichen Entwicklung und kann besonders in der Erziehung und im Bildungswesen tiefgreifende Wirkungen haben. Er kann nicht nur den Lernprozess erleichtern und die Beziehungen zwischen Lehrenden und Lernenden stärken, sondern auch das emotionale Wohlbefinden und die soziale Kompetenz der Kinder fördern. Dieses Kapitel beleuchtet die vielfältigen Facetten des Humors in der Kindererziehung und im Bildungswesen und zeigt, wie er gezielt und effektiv eingesetzt werden kann.

Humor als pädagogisches Werkzeug

Humor ist ein mächtiges pädagogisches Werkzeug, das Lehrende nutzen können, um eine positive Lernatmosphäre zu schaffen. Durch humorvolle Interaktionen können Lehrer und Eltern eine Umgebung fördern, in der Kinder sich sicher und entspannt fühlen. Diese positive Atmosphäre erleichtert das Lernen, da sie Angst und Stress abbaut und die Aufmerksamkeit und Motivation der Kinder erhöht.

Humor kann den Lernprozess auf verschiedene Weise unterstützen. Er hilft, komplexe und schwierige Themen zugänglicher zu machen, indem er sie in einem spielerischen Kontext präsentiert. Ein humorvoller Umgang mit Lerninhalten kann das Interesse der Kinder wecken und ihre Neugierde fördern. Studien zeigen, dass Schüler, die in einem humorvollen Umfeld lernen, oft kreativer und flexibler im Denken sind.

Humor und soziale Kompetenz

In der Erziehung spielt Humor eine wichtige Rolle bei der Entwicklung sozialer Kompetenzen. Kinder, die lernen, humorvoll zu sein, entwickeln oft ein besseres Verständnis für zwischenmenschliche Beziehungen und Empathie. Humor fördert die Fähigkeit, Perspektiven zu wechseln und die Welt aus verschiedenen Blickwinkeln zu betrachten. Diese Fähigkeit ist entscheidend für das soziale Miteinander und die emotionale Intelligenz.

Humorvolle Interaktionen zwischen Kindern und Erwachsenen stärken die Bindung und das Vertrauen. Kinder, die in einem humorvollen Umfeld aufwachsen, lernen, dass es in Ordnung ist, Fehler zu machen und über sich selbst zu lachen. Dies fördert eine gesunde Selbstwahrnehmung und Resilienz. Kinder, die Humor als Teil ihrer Erziehung erleben, sind oft besser in der Lage, mit Herausforderungen und Rückschlägen umzugehen.

Humor in der Schule

Im Schulkontext kann Humor die Beziehung zwischen Lehrern und Schülern positiv beeinflussen. Lehrer, die Humor in ihren Unterricht integrieren, werden oft als zugänglicher und unterstützender wahrgenommen. Dies kann das Vertrauen und die Offenheit der Schüler gegenüber dem Lehrer erhöhen und eine kooperative Lernumgebung fördern.

Ein humorvoller Unterricht kann auch die Zusammenarbeit und den Teamgeist unter den Schülern stärken. Gemeinsames Lachen schafft ein Gefühl der Zusammengehörigkeit und fördert die Kommunikation und Interaktion innerhalb der Klasse. Humor kann auch Konflikte entschärfen und eine Kultur des Respekts und der Toleranz fördern.

Humor und kognitive Entwicklung

Humor hat auch direkte Auswirkungen auf die kognitive Entwicklung von Kindern. Er fördert kreatives Denken und Problemlösungsfähigkeiten, indem er Kinder dazu ermutigt, ungewöhnliche Verbindungen herzustellen und ›um die Ecke zu denken‹. Der kognitive Prozess des Verstehens und Produzierens von Humor erfordert komplexe geistige Fähigkeiten, einschließlich Sprachverständnis, Abstraktionsvermögen und Logik.

Durch humorvolle Lernaktivitäten können Kinder spielerisch wichtige kognitive Fähigkeiten entwickeln. Zum Beispiel können Rätsel, Wortspiele und humorvolle Geschichten das Sprachverständnis und die Ausdrucksfähigkeit fördern. Humorvoll gestaltete Lernspiele und Aktivitäten können auch das Gedächtnis und die Konzentration verbessern, da sie das Lernen unterhaltsamer und ansprechender machen.

Humor und emotionale Entwicklung

Humor spielt eine entscheidende Rolle in der emotionalen Entwicklung von Kindern. Er hilft ihnen, ihre Gefühle auszudrücken und zu regulieren. Durch Lachen können Kinder Spannungen abbauen und negative Emotionen wie Angst und Traurigkeit verarbeiten. Humor kann auch als Bewältigungsstrategie dienen, die Kindern hilft, stressige und herausfordernde Situationen zu meistern.

Eltern und Lehrer können humorvolle Interaktionen nutzen, um Kindern zu zeigen, wie sie ihre Emotionen auf gesunde Weise ausdrücken und bewältigen können. Humor kann auch die emotionale Bindung zwischen Kindern und Erwachsenen stärken, indem er gemeinsame positive Erlebnisse schafft.

Die Grenzen des Humors in der Erziehung

Trotz der vielen Vorteile von Humor in der Erziehung gibt es auch Grenzen, die beachtet werden müssen. Humor sollte niemals auf Kosten des Respekts und der Würde eines Kindes gehen. Was für den einen lustig ist, kann für den anderen verletzend sein. Daher ist es wichtig, sensibel und einfühlsam mit Humor umzugehen und sicherzustellen, dass er inklusiv und wertschätzend ist.

Lehrer und Eltern sollten darauf achten, dass humorvolle Kommentare und Witze keine negativen Stereotypen oder Vorurteile verstärken. Humor sollte genutzt werden, um positive Werte zu vermitteln und eine respektvolle und unterstützende Umgebung zu schaffen.

Fazit:

Humor als Schlüssel zu einer erfolgreichen Erziehung

Humor ist ein wertvolles Element in der Kindererziehung und im Bildungswesen. Er fördert eine positive Lernumgebung, stärkt die sozialen und emotionalen Kompetenzen der Kinder und unterstützt ihre kognitive Entwicklung. Eltern und Lehrer, die Humor gezielt und respektvoll einsetzen, können eine Atmosphäre schaffen, in der Kinder sich wohlfühlen, lernen und wachsen können.

Indem wir die humorvollen Seiten des Lebens schätzen und in unsere Erziehungs- und Lehrpraktiken integrieren, können wir eine Kultur des Lachens und der Freude fördern. Humor ist nicht nur eine Quelle der Unterhaltung, sondern auch ein mächtiges Werkzeug, das das Potenzial hat, das Leben der Kinder und ihre Zukunft nachhaltig zu beeinflussen.

Humor in Beziehungen

Wie Humor Beziehungen stärken und Konflikte entschärfen kann

Humor spielt eine zentrale Rolle in menschlichen Beziehungen und kann als kraftvolles Werkzeug dienen, um Bindungen zu vertiefen und Konflikte zu entschärfen. Seine Fähigkeit, Menschen miteinander zu verbinden und schwierige Situationen zu entschärfen, macht ihn zu einem wesentlichen Bestandteil jeder erfolgreichen Beziehung. Dieses Kapitel beleuchtet, wie Humor in verschiedenen Beziehungsdynamiken wirken kann und welche Vorteile er mit sich bringt.

Die verbindende Kraft des Humors

Humor schafft Verbindungen zwischen Menschen. Wenn zwei Menschen gemeinsam lachen, entsteht eine unmittelbare und tiefe Verbindung, die durch gemeinsame positive Erlebnisse gestärkt wird. Lachen setzt Endorphine frei, die als ›Glückshormone‹ bekannt sind, und fördert ein Gefühl des Wohlbefindens und der Zusammengehörigkeit.

In romantischen Beziehungen kann Humor das Gefühl der Intimität und des Vertrauens stärken. Paare, die regelmäßig miteinander lachen, erleben oft eine tiefere emotionale Bindung und eine größere Zufriedenheit in ihrer Beziehung. Humor hilft, eine entspannte und positive Atmosphäre zu schaffen, in der beide Partner sich wohl und sicher fühlen.

Auch in Freundschaften und familiären Beziehungen spielt Humor eine wichtige Rolle. Gemeinsames Lachen kann alte Freundschaften wiederbeleben und neue Freundschaften schneller wachsen lassen. In Familien kann Humor dazu beitragen, Generationen zu verbinden und eine harmonische und unterstützende Umgebung zu fördern.

Humor als Stresspuffer

Konflikte und Stress sind unvermeidliche Bestandteile jeder Beziehung. Humor kann hier als effektiver Puffer dienen. Durch humorvolle Bemerkungen oder das gemeinsame Lachen über eine Situation kann der Stresspegel gesenkt und die Perspektive auf das Problem verändert werden. Humor ermöglicht es, schwierige Themen auf eine leichtere und weniger bedrohliche Weise anzusprechen.

In Momenten der Anspannung kann ein humorvoller Kommentar die Spannung lösen und eine Eskalation des Konflikts verhindern. Humor hilft, die Schwere eines Problems zu relativieren und öffnet Raum für konstruktive Diskussionen und Lösungen. Menschen, die in der Lage sind, humorvoll mit Stress umzugehen, zeigen oft eine größere emotionale Resilienz und sind besser in der Lage, Herausforderungen zu bewältigen.

Die Rolle des Humors in der Konfliktlösung

Humor kann ein mächtiges Mittel zur Konfliktlösung sein. Indem er hilft, eine entspanntere Atmosphäre zu schaffen, kann Humor die Kommunikation erleichtern und den Dialog öffnen. Dies ist besonders wichtig in Konfliktsituationen, in denen Emotionen hochkochen und rationale Diskussionen schwierig werden.

Ein humorvoller Ansatz kann auch helfen, Missverständnisse aufzuklären und Vorurteile abzubauen. Humor kann Brücken zwischen unterschiedlichen Perspektiven bauen und dazu beitragen, dass beide Seiten des Konflikts sich verstanden und respektiert fühlen. Indem er die emotionalen Barrieren senkt, ermöglicht Humor eine tiefere und ehrlichere Kommunikation.

Humor und emotionale Intelligenz

Humor erfordert ein hohes Maß an emotionaler Intelligenz. Um humorvoll zu sein, muss man die Gefühle und Stimmungen anderer erkennen und angemessen darauf reagieren können. Dies bedeutet, dass humorvolle Menschen oft auch empathisch und sozial kompetent sind. Sie verstehen, wann und wie Humor eingesetzt werden kann, um positive Ergebnisse zu erzielen.

In Beziehungen kann diese Fähigkeit besonders wertvoll sein. Ein Partner, der humorvoll ist, zeigt damit oft auch, dass er aufmerksam und sensibel gegenüber den Gefühlen des anderen ist. Diese emotionale Intelligenz kann helfen, Missverständnisse zu vermeiden und die Beziehung insgesamt harmonischer zu gestalten.

Die Balance des Humors in Beziehungen

Es ist wichtig zu beachten, dass nicht jeder Humor in Beziehungen hilfreich ist. Sarkasmus und Ironie können beispielsweise leicht missverstanden werden und verletzend wirken. Daher ist es entscheidend, den Humor sorgfältig und respektvoll einzusetzen. Ein gesunder und positiver Humor sollte darauf abzielen, die Beziehung zu stärken und nicht, auf Kosten des anderen zu gehen.

Auch die Art des Humors kann variieren je nach Beziehung und Situation. In einigen Kontexten kann ein subtiler, sanfter Humor angemessener sein, während in anderen ein direkterer und herzlicherer Humor besser passt. Die Fähigkeit, den richtigen Humor zur richtigen Zeit einzusetzen, ist ein Zeichen von emotionaler Reife und Sensibilität.

Humor als Ausdruck der Liebe und Wertschätzung

Humor kann auch ein Ausdruck von Liebe und Wertschätzung sein. Ein Partner, der den anderen zum Lachen bringt, zeigt damit oft auch seine Zuneigung und sein Engagement. Humorvolle Gesten und Worte können den Alltag erhellen und eine Beziehung lebendig und spannend halten.

In langjährigen Beziehungen kann Humor helfen, die Romantik und Leidenschaft aufrechtzuerhalten. Gemeinsames Lachen schafft Erinnerungen und stärkt die emotionale Bindung. Es erinnert die Partner daran, dass sie nicht nur Liebende, sondern auch Freunde sind, die das Leben gemeinsam genießen.

Fazit:

Humor als Schlüssel zu starken Beziehungen

Humor ist ein wertvolles Werkzeug, das Beziehungen auf vielfältige Weise bereichern kann. Er fördert die emotionale Bindung, reduziert Stress, erleichtert die Kommunikation und trägt zur Konfliktlösung bei. Humor kann das Fundament einer Beziehung stärken und helfen, sie durch die Höhen und Tiefen des Lebens zu tragen.

Indem wir den Humor in unseren Beziehungen kultivieren, schaffen wir eine positive und unterstützende Umgebung, in der Liebe, Respekt und Verständnis gedeihen können. Humor erinnert uns daran, das Leben nicht zu ernst zu nehmen und die Freude in den gemeinsamen Momenten zu finden.

Humor und Medien

Die Darstellung und Nutzung von Humor in Film, Fernsehen und sozialen Medien

Humor hat seit jeher eine bedeutende Rolle in den Medien gespielt, sei es in der frühen Filmkomödie, den Sitcoms des Fernsehens oder den unzähligen humorvollen Beiträgen in den sozialen Medien. Die Darstellung und Nutzung von Humor in diesen verschiedenen Medienformen spiegelt nicht nur den Zeitgeist wider, sondern beeinflusst auch maßgeblich die kulturellen Normen und sozialen Interaktionen. In diesem Kapitel wird untersucht, wie Humor in Film, Fernsehen und sozialen Medien genutzt wird, um zu unterhalten, zu kritisieren und zu verbinden.

Humor im Film:

Die Evolution der Leinwandkomödie

Der Film als Medium hat von Anfang an eine starke Verbindung zum Humor gehabt. Die frühen Stummfilme waren geprägt von visueller Komik, bei der Slapstick und physischer Humor dominierend waren. Figuren wie Charlie Chaplin und Buster Keaton nutzten ihre herausragenden Fähigkeiten in der körperlichen Komik, um ohne Worte zu kommunizieren und das Publikum zum Lachen zu bringen. Diese Form des Humors war universell verständlich und konnte kulturelle und sprachliche Barrieren überwinden.

Mit der Einführung des Tonfilms veränderte sich auch der Humor im Film. Dialoge und Wortspiele wurden wichtiger, und die Komödie entwickelte sich weiter. Screwball-Komödien der 1930er und 1940er Jahre kombinierten schnelle, schlagfertige Dialoge mit absurden Situationen und romantischen Verwicklungen. Filme wie ›Die Nacht vor der Hochzeit‹ und ›Leoparden küsst man nicht‹ setzten neue Maßstäbe für den sprachlichen Witz und die Situationskomik.

In den folgenden Jahrzehnten diversifizierte sich der Humor im Film weiter. Satiren und Parodien wie ›Dr. Seltsam‹ und ›Das Leben des Brian‹ nutzten den Humor, um soziale und politische Missstände zu kritisieren und zu hinterfragen. Die 1980er und 1990er Jahre brachten eine Welle von Teenie-Komödien und romantischen Komödien, die spezifische Zielgruppen ansprachen und den Humor an deren Erfahrungen und Lebenswelten orientierten.

Fernsehen:

Die Heimat der Sitcom und des Sketch-Comedy

Das Fernsehen hat eine einzigartige Rolle in der Verbreitung und Entwicklung von Humor gespielt. Sitcoms, oder Situationskomödien, wurden zu einem festen Bestandteil des Fernsehprogramms und prägten Generationen von Zuschauern. Serien wie ›I Love Lucy‹, ›Cheers‹ und ›Friends‹ boten nicht nur

Unterhaltung, sondern auch eine Reflexion über soziale Normen und zwischenmenschliche Beziehungen.

Die Struktur der Sitcom, mit ihrem wiederkehrenden Ensemble von Charakteren und der Mischung aus humorvollen Dialogen und situativer Komik, ermöglichte es, komplexe Themen auf zugängliche Weise zu behandeln. Diese Formate entwickelten sich im Laufe der Jahre weiter, um unterschiedliche gesellschaftliche Themen wie Rassismus, Geschlechterrollen und sexuelle Orientierung aufzugreifen, oft mit einem humorvollen, aber dennoch nachdenklichen Ansatz.

Sketch-Comedy, wie sie in Shows wie ›Saturday Night Live‹ oder ›Monty Python's Flying Circus‹ präsentiert wird, nutzt den Humor, um aktuelle Ereignisse und kulturelle Phänomene zu kommentieren. Diese Form des Humors ist oft bissig und direkt, was es ermöglicht, Kritik auf eine unterhaltsame und provokative Weise zu äußern.

Soziale Medien:

Die neue Plattform des Humors

Mit dem Aufstieg der sozialen Medien hat sich die Landschaft des Humors radikal verändert. Plattformen wie YouTube, Twitter, Instagram und TikTok haben den Humor demokratisiert, indem sie es jedem ermöglichen, Inhalte zu erstellen und zu teilen. Diese neuen Formen des Humors sind oft kurz und pointiert, angepasst an die kurze Aufmerksamkeitsspanne des Online-Publikums.

Memes sind ein herausragendes Beispiel für humoristische Inhalte in sozialen Medien. Sie kombinieren Bild und Text, um humorvolle und oft satirische Aussagen zu machen. Memes verbreiten sich schnell und können kulturelle Trends und gesellschaftliche Debatten in Echtzeit reflektieren. Die virale Natur von Memes ermöglicht es, humorvolle Inhalte einem globalen Publikum zugänglich zu machen und gleichzeitig die kollektive Kreativität und den Einfallsreichtum der Online-Community zu zeigen.

Influencer und Content Creator nutzen Humor, um ihre Reichweite zu vergrößern und eine engere Verbindung zu ihrem Publikum aufzubauen. Humoristische Vlogs, Sketche und Challenges bieten Unterhaltung und schaffen eine persönliche Bindung zwischen den Schöpfern und ihren Followern. Diese neuen Formen des Humors sind interaktiv und partizipativ, was zu einer neuen Art der Gemeinschaftsbildung führt.

Die transformative Kraft des Humors in den Medien

Die Darstellung und Nutzung von Humor in den Medien hat die Fähigkeit, gesellschaftliche Normen zu hinterfragen und zu verändern. Humor kann als Werkzeug dienen, um kritische Diskussionen anzustoßen und soziale Ungerechtigkeiten aufzuzeigen. Gleichzeitig bietet er eine Flucht aus dem Alltag und die Möglichkeit, schwierige Themen auf eine leichtere und zugänglichere Weise zu betrachten.

Die Medien haben es geschafft, Humor in all seinen Facetten darzustellen, von der subtilen Satire bis zur schlichten Slapstick-Komik. Diese Vielseitigkeit zeigt, wie wichtig Humor als Bestandteil der menschlichen Erfahrung ist. Ob auf der großen Leinwand, im heimischen Wohnzimmer oder auf dem Bildschirm eines Smartphones – Humor verbindet uns, erheitert uns und lässt uns die Welt mit einem Lächeln sehen.

In einer sich ständig verändernden Welt bleibt Humor ein beständiges Element, das uns hilft, mit den Herausforderungen des Lebens umzugehen und die Freude im Alltäglichen zu finden. Die Medien spielen eine entscheidende Rolle dabei, diesen Humor zu formen und zu verbreiten, und sie werden auch in Zukunft eine zentrale Plattform für humoristische Innovationen und kreative Ausdrucksformen sein.

Die Kunst des Witzes

Was macht einen guten Witz aus? Strukturen und Techniken des Witzeerzählens

Die Kunst des Witzes hat seit jeher die Menschen fasziniert. Ein gut erzählter Witz kann den düstersten Raum erhellen und ein gemeinsames Lachen erzeugen, das Menschen verbindet. Doch was genau macht einen guten Witz aus? Welche Strukturen und Techniken sind entscheidend, um den perfekten humorvollen Moment zu schaffen? In diesem Kapitel gehen wir der Frage nach, wie ein gelungener Witz aufgebaut ist und welche Elemente ihn auszeichnen.

Die Struktur eines guten Witzes

Ein Witz ist mehr als nur eine lustige Geschichte; er folgt einer bestimmten Struktur, die darauf abzielt, eine überraschende Wendung oder Pointe zu präsentieren. Die klassische Struktur eines Witzes besteht aus zwei Hauptteilen: dem Aufbau und der Pointe.

1. Der Aufbau: Der Aufbau eines Witzes dient dazu, eine bestimmte Erwartungshaltung beim Publikum zu erzeugen. Dies geschieht durch die Schaffung eines Szenarios oder einer Geschichte, die logisch und nachvollziehbar erscheint. Ein guter Aufbau ist oft detailliert genug, um die Zuhörer in die Geschichte hineinzuziehen, aber nicht so lang, dass er ihre Aufmerksamkeit verliert.

2. Die Pointe: Die Pointe ist das Herzstück des Witzes. Sie bricht die Erwartungen, die durch den Aufbau geschaffen wurden, und führt zu einer überraschenden, oft absurden Wendung. Diese plötzliche Änderung der Perspektive oder des Ausgangs erzeugt das humoristische Element des Witzes. Eine gelungene Pointe ist präzise und auf den Punkt gebracht.

Techniken des Witzeerzählens

Neben der grundlegenden Struktur eines Witzes gibt es verschiedene Techniken, die dazu beitragen, dass ein Witz zündet. Diese Techniken nutzen sprachliche und psychologische Mittel, um das Publikum zum Lachen zu bringen.

1. Wortspiele und Doppeldeutigkeiten: Wortspiele nutzen die Mehrdeutigkeit von Sprache, um humorvolle Effekte zu erzielen. Ein einfaches Beispiel wäre: »Warum können Geister so schlecht lügen? Weil man durch sie hindurchsehen kann.« Hier wird mit der Doppeldeutigkeit des Wortes ‹durchsehen› gespielt, um eine unerwartete Pointe zu schaffen.

2. Übertreibung und Untertreibung: Übertreibungen (Hyperbeln) und Untertreibungen (Litotes) sind Techniken, die durch das Über- oder Unterspielen einer Situation komische Effekte erzeugen. Ein übertriebener Witz könnte lauten: »Ich habe so lange gewartet, dass ich inzwischen zum Baumarkt hätte gehen und mir einen Sessel bauen können.« Eine Untertreibung hingegen könnte subtiler sein: »Ich habe nur ein kleines Missgeschick gehabt – ich habe das Haus niedergebrannt.«

3. Absurdität und Surrealismus: Absurde und surreale Elemente erzeugen Humor durch die Präsentation von Situationen, die völlig unlogisch oder unrealistisch sind. Ein klassisches Beispiel wäre ein Witz von Woody Allen: »Ich habe gestern eine Straße überquert, und plötzlich befand ich mich in einem anderen Bundesstaat. Da fiel mir ein, dass ich gar keine Straße überquert hatte.«

4. Ironie und Sarkasmus: Ironie und Sarkasmus nutzen die Diskrepanz zwischen dem Gesagten und dem Gemeinten, um humorvolle Effekte zu erzeugen. Ironie könnte beispielsweise so aussehen: »Oh, großartig, noch ein Montag. Genau das, was ich gebraucht habe.« Hier wird der positive Ausdruck ›großartig‹ verwendet, um eine negative Einstellung zu verdeutlichen.

5. Timing: Das richtige Timing ist entscheidend für den Erfolg eines Witzes. Eine gut erzählte Pointe benötigt den perfekten Moment, um maximalen Effekt zu erzielen. Zu frühes oder zu spätes Erzählen kann die Wirkung eines Witzes mindern. Pausen und Betonung spielen hierbei eine wichtige Rolle.

Der Kontext des Witzes

Ein Witz funktioniert nicht isoliert; der Kontext, in dem er erzählt wird, ist ebenso wichtig. Die sozialen und kulturellen Hintergründe des Publikums beeinflussen, wie ein Witz aufgenommen wird. Ein Witz, der in einer Kultur als urkomisch gilt, kann in einer anderen als unverständlich oder sogar beleidigend empfunden werden. Daher ist es wichtig, den Kontext zu berücksichtigen, in dem ein Witz erzählt wird.

1. Soziale Dynamiken: Humor kann soziale Barrieren abbauen und Menschen näher zusammenbringen. In Gruppen dient Witzeerzählen oft dazu, Beziehungen zu stärken und gemeinsame Werte zu bestätigen. Ein Witz, der im Freundeskreis gut ankommt, könnte in einer formelleren Umgebung fehl am Platz wirken.

2. Kulturelle Unterschiede: Kulturelle Unterschiede beeinflussen stark, was als humorvoll gilt. Britischer Humor neigt beispielsweise dazu, trockener und subtiler zu sein, während amerikanischer Humor oft direkter und energiegeladener ist. Ein erfolgreicher Witzeerzähler versteht diese Unterschiede und passt seinen Humor entsprechend an.

Das Wesen des Humors

Letztlich ist Humor ein komplexes Phänomen, das tief in der menschlichen Psychologie verankert ist. Witze spiegeln unsere Sicht auf die Welt wider und können tiefere Wahrheiten über unsere Gesellschaft und unser eigenes Leben offenbaren. Ein guter Witz ist nicht nur eine flüchtige Quelle des Vergnügens, sondern auch ein Fenster in die menschliche Erfahrung.

Die Kunst des Witzes ist somit mehr als nur das Erzählen von lustigen Geschichten. Sie ist ein Spiegel unserer Kreativität, Intelligenz und unseres Einfühlungsvermögens. Ein gelungener

Witz zeigt die Fähigkeit, das Alltägliche auf überraschende Weise zu betrachten und die Freude im Unerwarteten zu finden. In einer Welt, die oft von Stress und Ernsthaftigkeit geprägt ist, bleibt der Humor ein wertvolles Mittel, um Leichtigkeit und Freude in unser Leben zu bringen.

Die Zukunft des Humors

Prognosen über die zukünftige Entwicklung des Humors

Humor ist ein dynamisches, sich ständig wandelndes Phänomen, das tief in der menschlichen Kultur verwurzelt ist. In der Geschichte hat sich der Humor immer wieder neu erfunden, angepasst und weiterentwickelt, um den sich verändernden gesellschaftlichen, technologischen und kulturellen Bedingungen gerecht zu werden. Angesichts des rasanten Wandels, den die moderne Welt durchläuft, stellt sich die Frage, wie sich der Humor in der Zukunft entwickeln wird. Dieses Kapitel wagt einen Blick in die Kristallkugel und beleuchtet mögliche Entwicklungen und Trends, die den Humor der kommenden Jahre prägen könnten.

Technologische Einflüsse auf den Humor

Die Digitalisierung und der technologische Fortschritt haben bereits tiefgreifende Auswirkungen auf die Art und Weise, wie Humor konsumiert und verbreitet wird. Plattformen wie YouTube, TikTok und Twitter haben neue Formen des Humors hervorgebracht, die oft kurzlebig und auf schnelle, visuelle Gags ausgerichtet sind. Diese Entwicklung wird sich in der Zukunft voraussichtlich noch verstärken.

1. Künstliche Intelligenz und Humor: Künstliche Intelligenz (KI) spielt eine immer größere Rolle in unserem Alltag, und es ist wahrscheinlich, dass sie auch die Zukunft des Humors beeinflussen wird. Bereits heute gibt es KI-Programme, die in der Lage sind, Witze zu generieren. Zwar sind diese oft noch recht einfach und repetitiv, doch mit fortschreitender Technologie könnten sie immer raffinierter und menschlicher werden. Es ist denkbar, dass KI-basierte Humoristen eines Tages in der Lage sein werden, personalisierte Witze zu kreieren, die perfekt auf den Geschmack des jeweiligen Publikums abgestimmt sind.

2. Virtuelle Realität und interaktiver Humor: Die Fortschritte in der virtuellen Realität (VR) und Augmented Reality (AR) eröffnen völlig neue Dimensionen für humoristische Erlebnisse. In immersiven VR-Umgebungen könnten Nutzer in humorvolle Szenarien eintauchen, die sie aktiv beeinflussen und gestalten können. Diese interaktiven Erlebnisse könnten die traditionelle passive Rezeption von Humor revolutionieren und ein völlig neues Level des Engagements schaffen.

Soziokulturelle Veränderungen und Humor

Die Gesellschaft verändert sich ständig, und diese Veränderungen beeinflussen auch den Humor. In einer globalisierten Welt, in der kulturelle Grenzen immer mehr verschwimmen, wird der interkulturelle Austausch auch den Humor prägen.

1. Globalisierung und kultureller Austausch: Die Globalisierung führt zu einer zunehmenden Vermischung und Interaktion verschiedener Kulturen. Dies könnte zu einer stärkeren Verbreitung von Humor führen, der universelle Themen und

Erfahrungen anspricht. Gleichzeitig könnten lokale und kulturell spezifische Formen des Humors an Bedeutung gewinnen, da sie eine Möglichkeit bieten, kulturelle Identität und Zugehörigkeit auszudrücken.

2. **Inklusiver und diverser Humor**: In den letzten Jahren hat das Bewusstsein für soziale Gerechtigkeit und Diversität zugenommen. Dies spiegelt sich auch im Humor wider, der zunehmend sensibler gegenüber verschiedenen gesellschaftlichen Gruppen wird. Zukünftig könnte sich ein stärker inklusiver und diverser Humor etablieren, der sich bemüht, alle Menschen anzusprechen und niemanden auszuschließen. Dabei wird der Balanceakt zwischen humorvoller Kritik und respektvollem Umgang mit unterschiedlichen Identitäten und Hintergründen eine zentrale Rolle spielen.

Humor in einer digitalisierten Gesellschaft

Die Digitalisierung beeinflusst nicht nur die technischen Aspekte des Humors, sondern auch die sozialen und psychologischen Dimensionen. Die Art und Weise, wie Menschen kommunizieren und interagieren, wird durch digitale Medien grundlegend verändert.

1. **Meme-Kultur und viraler Humor**: Memes haben sich zu einer der populärsten Formen des digitalen Humors entwickelt. Sie sind kurz, prägnant und oft sehr visuell, was sie perfekt für die schnelle Verbreitung in sozialen Medien macht. Die Zukunft des Humors wird sicherlich von der weiteren Entwicklung der Meme-Kultur geprägt sein. Dabei könnten neue For-

mate und Plattformen entstehen, die die Art und Weise, wie humoristische Inhalte erstellt und geteilt werden, weiter revolutionieren.

2. Humor in sozialen Medien: Soziale Medien bieten eine Plattform, auf der Humor in Echtzeit verbreitet und kommentiert werden kann. Dies führt zu einer ständigen Evolution von Trends und Stilen. Gleichzeitig ermöglicht es die direkte Interaktion zwischen Humoristen und ihrem Publikum. In der Zukunft könnten soziale Medien noch stärker als Bühne für humoristische Talente fungieren, wobei Algorithmen und KI dabei helfen könnten, maßgeschneiderte humoristische Inhalte zu liefern.

Humor als gesellschaftliches Ventil

In einer immer komplexer und herausfordernder werdenden Welt spielt Humor eine wichtige Rolle als Ventil für soziale und psychologische Spannungen.

1. Satire und politische Kommentare: Satire wird auch in Zukunft ein mächtiges Werkzeug bleiben, um soziale und politische Missstände zu kritisieren und das Bewusstsein für wichtige Themen zu schärfen. Angesichts der zunehmenden politischen und gesellschaftlichen Polarisierung könnte die Rolle der Satire noch bedeutender werden.

2. Therapeutischer Humor: Humor hat nachweislich positive Auswirkungen auf die psychische Gesundheit. In einer Zeit, in der Stress und psychische Belastungen zunehmen, könnte der therapeutische Einsatz von Humor weiter an Bedeutung gewinnen. Humortherapien und Lachclubs könnten vermehrt genutzt werden, um das Wohlbefinden zu fördern und soziale Verbindungen zu stärken.

Ausblick:

Die Zukunft des Humors ist vielversprechend und voller Möglichkeiten. Technologische Innovationen, gesellschaftliche Veränderungen und die unaufhaltsame Dynamik der digitalen Welt werden den Humor in den kommenden Jahren prägen und weiterentwickeln. Eines jedoch bleibt konstant: Der Humor wird weiterhin eine essentielle Rolle in unserem Leben spielen, als Quelle der Freude, als Mittel der Kritik und als Brücke zwischen Menschen unterschiedlichster Hintergründe. Während sich die Formen und Kanäle des Humors wandeln, bleibt seine fundamentale Funktion, uns zum Lachen zu bringen und die menschliche Erfahrung zu bereichern, unverändert.

Schlusswort

Zusammenfassung der wichtigsten Erkenntnisse und persönliche Reflexion

Die Reise durch die Geschichte des Humors, wie sie in diesem Buch unternommen wurde, hat uns auf eine faszinierende Entdeckungsreise mitgenommen – von den frühesten Anzeichen humoristischer Äußerungen in der Menschheitsgeschichte bis hin zu den komplexen Formen des modernen Humors, die unser tägliches Leben prägen. Dabei wurde deutlich, dass Humor mehr ist als nur eine Möglichkeit, sich zu amüsieren; er ist ein tief verwurzeltes, kulturelles Phänomen, das eine Vielzahl von Funktionen erfüllt und sich stetig weiterentwickelt.

Die Evolution des Humors

Unsere Untersuchung begann mit den Ursprüngen des Humors in der Frühgeschichte, wo erste Hinweise auf humorvolle Ausdrucksformen gefunden wurden. In den Höhlenmalereien und archäologischen Funden spiegelte sich das Bedürfnis der Menschen wider, Humor als Mittel der Kommunikation und des sozialen Zusammenhalts zu nutzen.

Mit dem Übergang zur Antike erlebten wir die Blütezeit des griechischen und römischen Humors. Große Denker und Schriftsteller wie Aristophanes und Plautus zeigten, wie Humor als gesellschaftliche Kritik und als Mittel der Unterhaltung verwendet wurde. Diese frühen Humoristen legten den Grundstein für viele der humoristischen Prinzipien, die wir noch heute kennen.

Das Mittelalter brachte den Humor an die Höfe Europas, wo Hofnarren nicht nur zur Unterhaltung beitrugen, sondern auch als kritische Kommentatoren fungierten. Der volkstümliche Humor in Form von Karneval und Mummenschanz ermöglichte es den einfachen Menschen, gesellschaftliche Normen und Autoritäten spielerisch zu hinterfragen.

Die Renaissance und Aufklärung brachten eine intellektuelle Wiedergeburt, in der Humor als Werkzeug der Vernunft und der Kritik genutzt wurde. Humor wurde differenzierter und komplexer, spiegelte den Geist der Zeit wider und förderte die Aufklärung.

Im 19. Jahrhundert, mit der Romantik und Industrialisierung, wandelte sich der Humor erneut. Literarische Meisterwerke und die aufkommende Satire reflektierten die gesellschaftlichen Umbrüche und boten eine Ventilfunktion für die sozialen Spannungen jener Zeit.

Humor in der Moderne und Zukunftsperspektiven

Das 20. Jahrhundert brachte eine Explosion neuer humoristischer Formen. Kabarett, Varieté und die Anfänge des Comedy-Films eröffneten neue Möglichkeiten der humoristischen Darstellung. Namen wie Charlie Chaplin und die Marx Brothers prägten die Kultur und setzten Maßstäbe für die nachfolgenden Generationen.

In der modernen Zeit hat sich der Humor weiter diversifiziert. Fernsehen, Internet und soziale Medien haben neue Plattformen geschaffen, auf denen Humor in nie dagewesener Geschwindigkeit und Vielfalt verbreitet wird. Gleichzeitig haben kulturelle Unterschiede und globale Vernetzung zu einem reichhaltigen Austausch von Humor geführt, der sowohl Missverständnisse als auch interkulturelle Brücken schafft.

Die tiefere Bedeutung von Humor

Unsere Reise zeigte auch, dass Humor weit über das bloße Lachen hinausgeht. Humor hat eine soziale Funktion: Er fördert den Zusammenhalt in Gruppen, dient als Mittel der sozialen Kritik und ermöglicht es, schwierige Themen auf eine zugängliche Weise zu behandeln. Humor kann Konflikte entschärfen, Beziehungen stärken und sogar therapeutische Wirkungen haben.

Die Psychologie und Soziologie des Humors offenbaren, wie tiefgreifend die Wirkungen des Lachens auf den menschlichen Geist und die Gesellschaft sind. Humor beeinflusst Emotionen, kann Freude verstärken, Trauer lindern und Ängste abbauen. Er hat eine heilende Kraft, die sowohl auf individueller als auch auf gesellschaftlicher Ebene wirkt.

Persönliche Reflexion

Für mich als Autor war die Erforschung des Humors eine Reise in die Tiefen der menschlichen Seele und Gesellschaft. Humor ist ein Spiegelbild unserer Zeit und Kultur, ein Ausdruck dessen, was uns als Menschen verbindet und unterscheidet. Diese Erkenntnis hat meine Wertschätzung für die feinen Nuancen des Humors und seine vielfältigen Formen vertieft.

Der Humor hat die Fähigkeit, das Menschliche in uns hervorzuheben, unsere Schwächen zu beleuchten und gleichzeitig unsere gemeinsamen Erfahrungen zu feiern. In einer Welt, die oft von Konflikten und Missverständnissen geprägt ist, bietet Humor eine Möglichkeit, Brücken zu bauen und den menschlichen Geist zu erheben.

Abschließend hoffe ich, dass dieses Buch nicht nur zur Unterhaltung, sondern auch zur Reflexion angeregt hat. Möge es dazu beitragen, die Bedeutung des Humors in all seinen Facetten zu erkennen und zu schätzen. Humor ist nicht nur ein flüchtiger Moment des Lachens, sondern ein tief verwurzelter Bestandteil unserer Existenz, der uns hilft, die Welt und uns selbst besser zu verstehen.

Über den Autor

Lutz Spilker wurde im Jahre 1955 in Duisburg geboren.

Bevor er zum Schreiben von Romanen und Dokumentationen fand, verließen bisher unzählige Kurzgeschichten, Kolumnen und Versdichtungen seine Feder.

In seinen Büchern befasst er sich vorrangig mit dem menschlichen Bewusstsein und der damit verbundenen Wahrnehmung. Seine Grenzen sind nicht die, welche mit der Endlichkeit des Denkens, des Handelns und des Lebens begrenzt werden, sondern jene, die der empirischen Denkform noch nicht unterliegen.

Es sind die Möglichkeiten des Machbaren, die Dinge, welche sich allein in der Vorstellung eines jeden Menschen darstellen und aufgrund der Flüchtigkeit des Geistes unbewiesen bleiben. Die Erkenntnis besitzt ihre Gültigkeit lediglich bis zur Erlangung einer neuen und die passiert zu jeder weiteren Sekunde.

Die Welt von Lutz Spilker beginnt dort, wo zu Beginn allen Seins nichts Fassbares war, als leerer Raum. Kein Vorne, kein Hinten, kein Oben und kein Unten. Kein Glaube, kein Wissen, keine Moral, keine Gesetze und keine Grenzen. Nichts.

In Lutz Spilkers Romanen passieren heimtückische Morde ebenso wie die Zauber eines Märchens. Seine Bücher sind oftmals Thriller, Krimi, Abenteuer, Science Fiction, Fantasy und selbst Love-Story in einem.

»Ich liebe die Sprache: Sie vermag zu streicheln, zu liebkosen und zu Tränen zu rühren. Doch sie kann ebenso stachelig sein, wie der Dorn einer Rose und mit nur einem Hieb zerschmettern.«

In dieser Reihe sind bisher erschienen

Die Erfindung der Körpersprache
Die Erfindung des Schlafs
Die Erfindung der Sklaverei
Die Erfindung der Angst
Die Erfindung der Vernunft
Die Erfindung des Vollmonds
Die Erfindung des Vitamin B
Die Erfindung des Make-Up
Die Erfindung des Weihnachtsfestes
Die Erfindung des Ku-Klux-Klan
Die Erfindung des Träumens
Die Erfindung der Flaschenpost
Die Erfindung der Mafia
Die Erfindung der Freimaurer
Die Erfindung der Freibeuter
Die Erfindung der Raumfahrt
Die Erfindung der Tempelritter
Die Erfindung des ADHS-Syndroms
Die Erfindung der Homöopathie
Die Erfindung der Freizeitparks
Die Erfindung des Werwolfs
Die Erfindung des Astralkörpers
Die Erfindung des Zölibats
Die Erfindung des Herkules
Die Erfindung des Vampirs
Die Erfindung der Philosophie
Die Erfindung des Bieres
Die Erfindung des Ungeheuers von Loch Ness
Die Erfindung der Prä-Astronautik
Die Erfindung des Voodoo
Die Erfindung des Multitasking
Die Erfindung des Besserwissers
Die Erfindung des Humors

MIX

Papier | Fördert
gute Waldnutzung

FSC® C083411

Zeitfracht Medien GmbH
Ferdinand-Jühlke-Straße 7
99095 Erfurt, Deutschland
produktsicherheit@kolibri360.de